Tüschau 16
Die subkulturellen Symbole der Punks

Beiträge zur Kulturwissenschaft

Band 2

Tüschau 16

Die subkulturellen Symbole der Punks

Eine empirische Untersuchung

ATHENA

Umschlaggestaltung nach einem Entwurf von Susanne Schmidtchen

Die Deutsche Bibliothek – CIP-Einheitsaufnahme

Die subkulturellen Symbole der Punks : eine empirische Untersuchung / Tüschau 16. - 1. Aufl. - Oberhausen : Athena, 1998

(Beiträge zur Kulturwissenschaft ; Bd. 2)
ISBN 3-932740-12-2

1. Auflage 1998

Druck: Difo-Druck GmbH, Bamberg
Printed in Germany
ISBN 3-932740-12-2

Inhalt

Die Forschungsgruppe Tüschau 16 besteht aus folgenden Personen:

Martin Bergmann, Michael Fleischer, Dirk Henkelmann, Bernd Kronenbürger, Silke Kujawski, Katarzyna Lewandowska-Ojciec, Magdalena Marszałek, Lenka Mildnerová, Katja Niehörster, Ulrike Notarp, Sandra Pohl, Sabine Rinck, Susanne Schmidtchen, Petra Wiese, Petra Wittrock, Darius Wylezol.

1. Der theoretische Hintergrund

1.1. **Zweite Wirklichkeit.** Als Grundlage der vorliegenden Untersuchung dient das allgemeine systemtheoretische Kulturmodell, das auf der biologisch-thermodynamischen Systemtheorie basiert (Fleischer 1989 und 1994). Dieses Kulturmodell soll hier nur ansatzweise dargestellt werden, so wie es für das Verständnis der vorliegenden Untersuchung notwendig erscheint.

Die Kulturforschung – so wie sie hier begriffen wird – beschäftigt sich mit der Zweiten Wirklichkeit. Diese ist mit der physikalisch gegebenen Ersten Wirklichkeit in dem Sinne verknüpft, daß auf der Basis der Ersten eine Zweite Wirklichkeit generiert wird. Unterscheidungsmerkmal der Ersten und der Zweiten Wirklichkeit ist der Zeichencharakter der Zweiten Wirklichkeit, denn diese entsteht als Resultat von Zeichenprozessen. Hinsichtlich des Zeichenbegriffs wird auf die Peircesche, d.h. triadische Zeichenkonzeption referiert. Die Zweite Wirklichkeit ist, da sie als Zeichenphänomen verstanden wird, kein räumlich-physikalisches, sondern ein funktionell-semiotisches Phänomen. Dies impliziert die Möglichkeit unterschiedlicher Ausprägungen der Zweiten Wirklichkeit. Die Zweite Wirklichkeit wird nicht als ›die Kultur an sich‹ verstanden, sondern im Sinne der Kultur-Ausprägung, d.h. der konkreten Realisation allgemeiner Systemgesetze. Die Kultur ist ein zeichenhaftes Phänomen, das systemischen Charakter besitzt und als offenes dynamisches, tatsächlich existierendes System zu begreifen ist. Die Kultur umfaßt all die Phänomene und betrifft all die Aspekte, die auf Zeichenprozessen beruhen. Überall dort, wo Zeichen auftreten, hat man es mit dem System Kultur zu tun. Dieses System organisiert sich selbst und ist nicht gezielt steuerbar. Es ist nicht auf seine Elemente und deren Eigenschaften reduzierbar. Die Kultur ist intern differenziert, sie gliedert sich in Subsysteme und funktioniert innerhalb eines komplexeren Suprasystems (soziales System). Jedes kulturelle Subsystem besitzt konkrete Ausprägungen (Diskurse); die im System wirksamen Mechanismen und Muster dienen dem Systemerhalt, sie sind miteinander durch eine funktionelle Kausalität verbunden, die Wirkungen beeinflussen ihre eigenen Ursachen.

1.2. **Diskurs.** Ein Diskurs ist das systemische Zeichen- und Interpretanten-Repertoire und die es organisierenden Generierungs- wie auch Benutzungsregeln und -normen einer kulturellen Formation, das die gesellschaftliche und kulturelle Spezifik dieser Formation ausmacht und das sie differenzierende Merkmalsbündel darstellt. Unter ›kultureller Formation‹ sind die konkreten gruppenspezifischen Ausprägungen eines jeden Subsystems des Systems Kultur zu verstehen. Ein Diskurs ist die Art und Weise, wie und mit Hilfe welcher Interpretanten sich eine kulturelle Formation äußert, in der Zeichenwelt und d.h. in der Kultur zu Wort meldet und ihren Zusammenhang gewährleistet. Ein Diskurs schafft die semiotische und also kulturelle Wirklichkeit einer Formation. Diskurse stellen die Vermittler zwischen einer kulturellen Formation und der Kultur dar. Das in einer Kultur existierende Zeichenrepertoire und die es organisierenden Regeln und Normen finden in den Diskursen einer jeden kulturellen Formation ihre spezifische Anwendung.

Der hier vertretene Diskurs-Begriff ist ein funktionaler. Notwendige Bedingung für die Existenz von Diskursen sind laut dieser Definition kulturelle Formationen. Grundlage dieser kulturellen Formationen wiederum sind zeichenbenutzende und zeichengenerierende Individuen. Diesen sind diskursspezifische Konventionen bekannt, wenn sie in einer kulturellen Formation adäquat interagieren. Sind den Zeichenbenutzern diese Konventionen nicht bekannt, dann können sie in einer bestimmten kulturellen Formation nicht adäquat interagieren. Bei den Konventionen handelt es sich u.a. um semantische Konventionen, denn in Diskursen gibt es eine über die lexikalische Bedeutung hinausgehende diskursspezifische, kulturelle Bedeutung von Zeichen. Ziel der vorliegenden Untersuchung ist es u.a., die kulturelle Bedeutung einiger dieser Zeichen zu ermitteln.

1.3. **Weltbilder.** Weltbilder sind von der Ersten Wirklichkeit beeinflußte, von und in der Zweiten Wirklichkeit produzierte Konstrukte. Sie dienen zur Generierung, Organisation, ausprägungsspezifischen und -gemäßen Aufrechterhaltung eines Kultursystems, das ihre Be-

schaffenheit selbst mitbestimmt hat, wie auch zur Steuerung der Kommunikationen in einem gegebenen Kultursystem. Weltbilder sind Regulative im Sinne der Systemtheorie. Sie liefern die Semantisierungskriterien für die Konstruktion der Zweiten Wirklichkeit innerhalb eines Kultursystems und entscheiden über die darauf bezogene Organisation von Äußerungen, die diese Wirklichkeit repräsentieren.
Weltbilder entscheiden also über die Füllung, über das Vorhandensein oder das Fehlen bestimmter Elemente in einer gegebenen Kulturausprägung. Mit dem vom Weltbild zur Verfügung gestellten Material organisieren Diskurse – mit Hilfe der in ihnen wirkenden Regeln der Semantisierung dieses Materials – die Bildung einer konkreten Zweiten Wirklichkeit. Anders gesagt: Diskurse erlauben nur das auszudrücken und nur das zu semantisieren, was das Weltbild anbietet.
Da ein Weltbild eine regulative Funktion besitzt, wirkt es wie ein Filter. Die Elemente, die durch diesen Filter gelangen, sind diejenigen, die in einem bestimmten Diskurs das Material, welches unterschiedliche Zeichenprozesse zuläßt, ausmachen. Dieses Material, welches auf der sprachlichen Ebene bezogen auf eine Subkultur auch als subkulturelles Wortrepertoire bezeichnet wird, kann für jede kulturelle Formation, d.h. Subkultur quantitativ ermittelt werden.

1.4. **Kulturstratifikation.** Auf der Grundlage des vertretenen Kulturmodells wird die Kultur als ein System aufgefaßt, das sich in mindestens vier tatsächlich gegebene, rückgekoppelte, vernetzte und systemisch verbundene Subsysteme gliedert und in diesen funktioniert:

(i) *Kulturelle Gruppen* (z.B.: Freundeskreise, Arbeitsgemeinschaften, Studentengruppen, Cliquen usw.) sind verschieden zusammengesetzt und haben unterschiedliche Mitgliederzahlen. Kulturelle Gruppen sind Bestandteile von Subkulturen. In ihnen werden Diskurselemente produziert und Diskurse entworfen, die sich auch über die einzelne Gruppe hinaus – in anderen kulturellen Guppen oder in einer Subkultur – durchsetzen können, aber nicht müssen. Kulturelle Gruppen stellen eine Art diskurshafte Spielwiese dar, hier sind noch die meisten Freiheitsgrade vorhanden. Diskurse können leicht und häufig manipuliert werden. Die Diskursproduktion spielt eine untergeordnete Rolle, Speicherung von Diskursen findet auf dieser Ebene gewöhnlich nicht statt.

(ii) *Subkulturen* bestehen aus kulturellen Gruppen unterschiedlicher Anzahl und Größe und werden durch einen Normen-, Verhaltens- oder Regelkatalog als System generiert. In einer Subkultur bildet sich ein für diese Subkultur spezifischer, wenn auch in dieser Subkultur nicht einzig verwendeter, Diskurs heraus. Eine Subkultur besteht in Abgrenzung zu anderen Subkulturen und zur übergeordneten Einzelkultur. Die Speicherung von Diskurselementen stellt ein subkulturelles Spezifikum dar. Anders als in der kulturellen Gruppe ist die Manipulation von Diskursen hier schwächer ausgeprägt. Die Speicherung von Diskurs-Fonds stellt ein subkulturelles Spezifikum dar und ist somit stärker ausgeprägt; die Produktion von Diskursen stellt ebenfalls ein wesentliches Merkmal der Subkultur dar.

(iii) *Einzelkulturen* (z.B. die ›deutsche‹, die ›englische‹ usw.) umfassen alle in einem geographischen, politischen (u.ä.) Raum vorhandenen Subkulturen eines Bereichs, beinhalten aber auch subkulturell oder diskurshaft benachbarte Subkulturen, die zugleich einer anderen Einzelkultur angehören. Das für diese Systeme wesentliche Merkmal ist die Bewahrung von Diskursen, die auf selektivem Wege in diesen Bereich eingegangen sind. In einer Einzelkultur sind demnach nicht alle Diskurse aller Subkulturen enthalten, sie beinhaltet jedoch auch Diskurse, die in keiner Subkultur auftreten. Die Produktion von Diskursen ist sehr schwach ausgeprägt, es werden nur allgemein konsensfähige, die Eigenart der Einzelkultur repräsentierende Diskurse bzw. Diskurselemente produziert, eine Manipulation von Diskursen findet auf dieser Ebene fast gar nicht statt.

(iv) *Interkulturen* (z.B. die ›westeuropäische‹, die ›nordamerikanische‹ usw.) machen jenen Bereich aus, der einige wenige Einzelkulturen umfaßt, die sich als ähnlich, benachbart, gleichartig u.dgl. verstehen. Eine Interkultur ist ein relativ instabiles, vielen Schwankungen und Fluktuationen unterworfenes System, sie besitzt keine entscheidende Kraft zur Ausbildung stabiler Diskurse. Was die Korrelation der Speicherung, der Produktion und der Manipulation von Diskurselementen betrifft, so ist hier ein relativ ausgeglichenes Verhältnis zu beobachten. Die Manipulation verschiedener Diskurse findet in diesem Falle im Hinblick auf interkulturelle Zwecke statt.

1.5. **Diskursstratifikation.** Da gleichfalls eine vergleichende Betrachtung von Diskursen der verschiedenen Subsysteme der Kultur möglich ist, erscheint es sinnvoll, die für die verschiedenen Subsysteme der Kultur typischen Diskurse begrifflich voneinander zu trennen. Es wird die folgende Terminologie benutzt:

(i) *Subkulturelle Diskurse* sichern den Bestand ihrer Subkultur, gewährleisten deren Zusammenhang und steuern das System der Spezialdiskurse. Darüber hinaus gewährleisten sie die Unterscheidbarkeit der Subkulturen voneinander. Mittels der Spezialdiskurse sind sie für subkulturelle Diskursinterferenzen verantwortlich. Systemerhaltende, -interne Faktoren stehen bei ihnen im Vordergrund. Eine ihrer Aufgaben liegt in der Einflußnahme auf den einzelkulturellen Diskurs.

(ii) *Spezialdiskurse* sind Bestandteile von Diskursen, die nur innerhalb eines subkulturellen Diskurses funktionieren. Der Spezialdiskurs realisiert die Gesamtausrichtung, die Werte- und Normen-Hierarchie des subkulturellen Diskurses in Anwendung auf einen spezielleren Bereich oder Systemaspekt (-bestandteil). So sind innerhalb des ›alternativen Diskurses‹ z.B. der ›alternative juristische‹ oder der ›politische alternative Spezialdiskurs‹ zu unterscheiden. Es wird eine Dominanz des subkulturellen Diskurses angenommen, in dem verschiedene Spezialdiskurse realisiert werden.

(iii) *Einzelkulturelle Diskurse* sind die spezifischen Diskurse von Einzelkulturen. Ein einzelkultureller Diskurs übt eine vermittelnde, integrative, kommunikationssichernde Funktion im System einer Einzelkultur aus. Er ist nicht der einzige in einer Einzelkultur funktionierende Diskurs. Er bildet nur den integrativen Bereich des Systems, auf den sich kulturelle Formationen, wenn notwendig, zurückziehen (»besinnen«), um das System zu sichern. Man kann (mit Einschränkungen) von einem Konsensbereich sprechen, auf den sich die kulturellen Formationen nicht nur zurückziehen können, sondern auf den sie sich einigen müssen, um kommunizieren zu können. Im System der Subkulturen ist die Kommunizierbarkeit eine fakultative Eigenschaft, im einzelkulturellen System ist sie eine obligatorische Eigenschaft. Ein einzelkultureller Diskurs ist daher nicht als der gemeinsame Nenner aufzufassen, auf den man sich einigen kann, sondern als ein Suprasystem zu sehen, auf das man angewiesen ist, um zu kommunizieren.

(iv) *Interkulturelle Diskurse* funktionieren im Geltungsbereich der Interkulturen. Die Interkultur als Zusammenschluß mehrerer Bestandteile unterschiedlicher Nationalkulturen, als relativ instabiles und vielen Schwankungen, Fluktuationen unterworfenes System besitzt keine entscheidende Kraft zur Ausbildung eines oder mehrerer stabiler Diskurse. Ein interkultureller Diskurs kann als stabilisierender Systemfaktor von einzelkulturellen Diskursen angesehen werden. Er bildet darüber hinaus eine Systemstelle, an der Subkulturen ihren Einfluß auf eine Einzelkultur vermittels der Interkultur ausüben können. Bei der Herausbildung eines einzelkulturellen Diskurses besitzt der interkulturelle Diskurs eine unterstützende Funktion, und zwar sowohl für die Subkulturen als auch für die Einzelkultur.

1.6. **Einzelkulturelle und subkulturelle Symbole.** Wesentliche Elemente von Diskursen sind Symbole. Diese werden, je nachdem welche Subsysteme betrachtet werden, als Kollektiv- oder Diskurssysmbole bezeichnet. Um wiederum die unmittelbare Zugehörigkeit bestimmter Symbole zu bestimmten Subsystemen der Kultur zu verdeutlichen, wird folgende Terminologie vorgeschlagen:

(i) *Einzelkulturelle Symbole* sind Zeichen, die einen derart ausgeprägten Zeichen-Interpretanten besitzen, daß er eine kulturelle, von der gegebenen Kulturausprägung bedingte Bedeutung und eine stark ausgeprägte positive oder negative Färbung aufweist, die für die gesamte Einzelkultur gilt, und der Interpret auf besondere Kenntnisse bezüglich des Zeichen-Interpretanten angewiesen ist.

(ii) *Subkulturelle Symbole* sind jene Diskurselemente, die sich auf eine Subkultur beziehen und die in anderen Subkulturen nicht oder mit anderen Semantisierungen auftreten. Was die Bedeutungsarten und -konstituierung betrifft, so gleichen diese denen bei einzelkulturellen Symbolen. Es ist zu beobachten, daß im Fall der einzelkulturellen Symbole die diskurshaften Bedeutungen über die lexikalischen dominieren, d.h. wesentlicher sind als die rein lexikalischen, und im Fall der subkulturellen Symbole die diskurshaften gleichberechtigt neben den lexikalischen auftreten.

2. Ziel der Untersuchung und Projektbeschreibung

Ausgangspunkt der Untersuchung ist die Hypothese, daß verschiedene kulturelle Formationen sich durch einen besonderen Diskurs, eine besondere Art und Weise miteinander zu kommunizieren, auszeichnen; diese spezifische Redeweise erlaubt es, Subkulturen voneinander abzugrenzen. Zum einen ist diese Abgrenzung quantitativ möglich, indem diejenigen Elemente bestimmt werden, die in einem Diskurs vorhanden sind, die also durch den Filter des Weltbildes gelangen konnten. Zum anderen ist sie auch qualitativ möglich, da die Funktion von bestimmten Zeichen in verschiedenen Diskursen unterschiedlich sein kann: In einem Diskurs kann einem Zeichen die Funktion eines subkulturellen Symbols zugesprochen werden, in einem anderen Diskurs hingegen nicht.
Es soll mittels der vorliegenden Untersuchung quantitativ und qualitativ gezeigt werden, daß die Aktanten, die der sogenannten Punk-Szene zugerechnet werden können, einen subkulturellen Diskurs besitzen, daß sie also eine Subkultur im oben definierten Sinne darstellen. Dieser subkulturelle Diskurs kann als Punk-Diskurs bezeichnet werden. Gleichzeitig soll gezeigt werden, daß Aktanten, die als Studierende bezeichnet werden, keinen eigenen Diskurs besitzen. Diese Aktanten bilden somit keine Subkultur.

2.1. **Projektbeschreibung**. Auf der Grundlage der (unter 1.4.) dargestellten Stratifikation der Kultur wurde für die vorliegende Untersuchung eine Subkultur ausgewählt, deren Diskurs sich (vermutlich) stark vom einzelkulturellen Diskurs und anderen subkulturellen Diskursen unterscheidet, und zwar die Subkultur der Punks.

[Zur Debatte standen auch zwei weitere Subkulturen, nämlich die der AntiFa und die der Feministinnen, welche für die angestrebten Diskursuntersuchungen ebenfalls geeignet erschienen. In der Vorbereitungsphase zeigte sich jedoch, daß der Zugang zur AntiFa äußerst schwierig ist, da diese sich relativ hermetisch abriegelt. Die feministische Subkultur war zwar etwas leichter zugänglich, doch deutete sich auch hier eine recht zögerliche Durchführung der Untersuchung an, so daß aus pragmatischen Gründen auf diese Subkulturen verzichtet wurde. So mußte schließlich auch der Vergleich zweier Subkulturen aufgegeben werden.]

Als Gegenpol zur Punk-Subkultur wurde zu Vergleichszwecken die gleiche Untersuchung unter Studenten durchgeführt, von denen angenommen wurde, daß diese keine eigene – studentische – Subkultur bilden. Dieser Vergleich ermöglicht es, Aussagen darüber zu treffen, ob es sich bei der Punk-Subkultur auch wirklich um eine eigenständige Subkultur handelt oder ob die erhobenen Diskurssymbole vielleicht nur Teil des Diskurses einer Jugendsubkultur darstellen. Sollte sich herausstellen, daß die Studenten wider Erwarten ebenfalls eine eigene Subkultur ausbilden und sich damit markant vom Einzeldiskurs und vom Punk-Diskurs abgrenzen, ist der anfänglich angestrebte Vergleich zweier Subkulturen wieder möglich.
Die Vorgehensweise der Untersuchung basiert auf einer Umfrage, die sich aus drei Teilumfragen zusammensetzt. Die Formulare der Umfragen wurden – im Fall der Punks – in Zeitschriften veröffentlicht, die als Publikationsorgan der Subkultur aufgefaßt werden können. Durch die Veröffentlichung in den einschlägigen Zeitschriften der Punks bestand die Möglichkeit, sich direkt an die Mitglieder dieser Subkultur zu wenden, da sich die Leser der Zeitschriften als Subkulturteilnehmer auswiesen (zur besonderen Rolle dieser Zeitschriften siehe 2.4.).
Bei der studentischen Umfrage war ein Umweg über die Zeitschriften nicht nötig, da an den Universitäten genug Versuchspersonen (Vpn) der gewünschten Gruppierung zu finden sind und somit die Formulare direkt verteilt werden konnten.
Diese Vorgehensweise eröffnete die Möglichkeit, Symbole des Diskurses zu ermitteln, auch wenn die Untersuchung insgesamt keine Vollständigkeit und Repräsentativität beansprucht. Die zentrale Frage lautet mithin: Handelt es sich beim Diskurs der genannten Subkultur um einen solchen, der tatsächlich signifikant vom deutschen und vom studentischen Diskurs abweicht? Mit anderen Worten: Läßt sich der Punk-Diskurs aufgrund der in ihm verwendeten subkulturellen Symbole als ein solcher bestimmen und also vom geltenden einzelkultu-

rellen Diskurs abgrenzen? Darüber hinaus können weiterführend folgende Fragen beantwortet werden: Wie ist das Repertoire der subkulturellen Symbole ausgeprägt? Welche Unterschiede gibt es zwischen diesem Repertoire, seiner Hierarchisierung und Semantisierung und dem System der bereits ermittelten einzelkulturellen Symbole? Wodurch und an welchen Stellen unterscheidt sich der subkulturelle Diskurs vom einzelkulturellen? Welche Wertehierarchien werden in den Subkulturen vertreten und in welchen Punkten weichen sie von der Einzelkultur ab? Benutzen Subkulturen vorwiegend eigene Symbole, arbeiten sie vorwiegend mit Symbolen der Einzelkultur, die dann nur der Subkultur entsprechend umsemantisiert werden, oder treten beide Varianten in diversen Mischformen auf? Die Erhebung soll insgesamt zeigen, welche Abweichungen es zwischen einem subkulturellen Diskurs und dem einzelkulturellen Diskurs gibt, welche Differenz und Differenzierungskraft also zwischen diesen beiden Diskursebenen bestehen können und bestehen.

2.2. **Der Gesamtplan.** Die Untersuchung besteht aus drei sich ergänzenden Schritten:

(i) Schritt 1: Erhebung der subkulturellen Symbole
(ii) Schritt 2: Ermittlung der Hierarchie der subkulturellen Symbole
(iii) Schritt 3: Ermittlung der Semantisierung der subkulturellen Symbole

Der erste Schritt betrifft die Ermittlung der subkulturellen Symbole selbst. Hiermit sollen die Wörter bzw. Ausdrücke erhoben werden, die in der untersuchten Subkultur die Funktion von Symbolen aufweisen können. Dabei wird ein Repertoire von Wörtern ermittelt, bei denen es sich um Diskurssymbole handeln kann, aber nicht muß. Die Entscheidung über eine subkulturelle Diskursfunktion kann erst nach dem dritten Schritt getroffen werden. Der zweite Schritt erhebt die in der Subkultur etablierte Hierarchie der in Schritt 1 ermittelten Wörter und Ausdrücke im Hinblick auf ihre positive bzw. negative Färbung. Der dritte Schritt betrifft die Feststellung der Semantisierungen der subkulturellen Symbole, d.h. die Frage danach, was ein gegebenes Symbol für die Mitglieder einer Subkultur konkret bedeutet, wobei nicht die lexikalische, sondern die zusätzliche kulturspezifische oder kulturelle Bedeutung von Interesse ist.

2.3. **Die Formulare der Erhebung.** Die Fragebögen für die Untersuchung der Punk-Subkultur wurden – wie bereits erwähnt – in Zeitschriften publiziert. Die Vpn wurden dabei gebeten, die ausgefüllten Formulare an die Redaktion der jeweiligen Zeitschrift bzw. an ein Mitglied der Forschungsgruppe (Tüschau 16) zurückzusenden. Die Vpn füllten die Fragebögen somit unkontrolliert aus und hatten damit keine Möglichkeit, Rückfragen zu stellen. Die Fragebögen für die Studenten wurden von den Mitgliedern der Gruppe verteilt, wodurch sich prinzipiell die Möglichkeit der Rückfrage ergab. Um die Vergleichbarkeit mit der anderen Untersuchung zu wahren, wurde in solchen Fällen auf den Fragebogen verwiesen, mit dem Hinweis, daß dort alle relevanten Informationen zu finden sind.

2.3.1. **Schritt 1 – Erhebung der subkulturellen Symbole.** Das für diesen Schritt benutzte Formular besteht aus drei Teilen:

(i) Aus einer Titelzeile (Überschrift) und einer einführenden Formulierung, mit deren Hilfe den Vpn der Zweck der Umfrage dargestellt und um Mitarbeit gebeten wird.
(ii) Aus einem Textteil, in dem die personenbezogenen Daten erhoben werden.
(iii) Aus einem, in zwei Bereiche unterteilten Frageteil, in dem die Vpn aufgefordert werden, positive und negative Wörter oder Ausdrücke in je 18 Antwortfelder aufzuschreiben.

Das Formular für die Punk-Subkultur. Das Formular für die Punk-Subkultur enthielt folgende Formulierungen (Abbildungen aller verwendeten Fragebögen befinden sich im Anhang):

Wer sind das wir?
Umfrage

Wir woll'n was über unsere Szene wissen – was ist wichtig für uns?
Beantwortet bitte die Frage und schickt den Zettel zurück. Die Umfrage ist übrigens anonym. Es wäre super, wenn Ihr mitmacht. Für das Ergebnis seid Ihr selbst verantwortlich. Wir werden in einer der nächsten Nummern berichten. Seid nicht faul, macht mit.

Angaben zur Person
Geschlecht ______
Alter ______ Jahre
Schulabschluß ______
Beruf ______

Schreibt unten positive und negative Wörter oder Ausdrücke auf, die für Euch und Eure Freunde wichtig sind. Gebt bitte spontan möglichst viele Wörter oder Ausdrücke an, auch wenn Ihr Euch nicht ganz sicher seid.

Positive Wörter und Ausdrücke

1	7	13
2	8	14
3	9	15
4	10	16
5	11	17
6	12	18

Negative Wörter und Ausdrücke

1	7	13
2	8	14
3	9	15
4	10	16
5	11	17
6	12	18

Erläuterungen zum Formular für die Punk-Umfrage:

Zu (i): Die einleitende Formulierung hat die Funktion, den Vpn den Zweck der Untersuchung zu erklären und sie zur Mitarbeit zu bewegen. Weiter sollte ihnen damit die Angst vor der Befragung genommen werden. Dieser Teil wurde so formuliert, daß er dem Diskurs dieser Subkultur zumindest nahe kommt, um so nicht von vornherein abgelehnt zu werden. Des weiteren wurde darauf geachtet, daß die einführenden Sätze die Vpn nicht beeinflussen und ihre Antworten nicht kanalisieren.

Zu (ii): Bei den personenbezogenen Daten werden lediglich vier Merkmale unterschieden, nämlich Geschlecht, Alter, Bildung und Beruf, wobei auf vorgegebene Kategorien verzichtet wird.

Zu (iii): Die im Frageteil formulierte Aufforderung enthält nicht die Frage nach der persönlichen Meinung der Vpn, sondern die Frage nach der Einschätzung der Meinung der gesamten Gruppe, also der Subkultur. Diese Formulierung wurde deshalb gewählt, um persönliche, also nicht subkulturelle Antworten (wie z.B. ›meine Mutter‹, ›mein Hund‹ oder Personennamen, etwa der Freundin) so weit wie möglich auszuschließen. Wie ähnliche Untersuchungen zeigen, reicht es nicht aus, den erwünschten Diskurs mehrmals hervorzuheben, um persönliche Meinungen auszuschließen. Zwar führt eine Frage nach der persönlichen Meinung der Subkulturteilnehmer auch zu den Diskurssymbolen, doch ist dazu eine recht hohe Anzahl von Vpn notwendig. Die hier gewählte Variante führt schneller zu den erwünschten

Ergebnissen, wenn, wie hier, davon ausgegangen wird, daß jede der Vpn eine hohe subkulturelle Kompetenz besitzt und somit weiß, was für die Subkultur wichtig ist. Die gewählte Formulierung enthält aber eine gewisse, nicht zu vermeidende Unschärfe, die dazu führen kann, daß den Vpn nicht eindeutig klar ist, ob es sich um eine Frage nach der persönlichen Meinung oder der Gruppenmeinung handelt. Weiter kann es auch zu einem Wechsel zwischen den beiden Frageverständnissen kommen, so daß durchaus noch persönliche Meinungen auftauchen können. Diese Unschärfen wurden in Kauf genommen, zumal die persönlichen Meinungen statistisch eliminiert werden konnten und die Kollektivmeinungen trotzdem recht deutlich zu Tage traten.
Eine mögliche, wenn auch marginale Gefahr, daß die Vpn nicht oder nur wenig antworten, da sie ja nicht wissen, was denn alle Punks meinen, wurde damit aus dem Weg geräumt, daß den Vpn verdeutlicht wird, daß es keine falschen Antworten gibt.
Das Antwortfeld ist in zwei Teile gegliedert, jeweils eins für positive und negative Wörter und Ausdrücke. Die Aufteilung hat zum einen das Ziel, die Anzahl der Nennungen zu erhöhen, zum anderen können so schon im ersten Schritt Aussagen über etwa ambivalente Bewertungen bestimmter Wörter gemacht werden. Die vorgeschlagene (erwünschte) Anzahl der Nennungen (jeweils 18) sollte die Vpn darüber hinaus veranlassen, so viele Wörter wie möglich zu nennen. In einem Vortest stellte sich heraus, daß ohne Vorgabe von Antwortfeldern im Schnitt jeweils fünf Wörter genannt wurden. Durch die Angabe einer (erwünschten) Anzahl von – damals – 21 erhöhte sich die Anzahl der Nennungen auf durchschnittlich 8,3, was für eine Untersuchung dieser Art von Vorteil ist, denn es interessieren nicht ausschließlich die am häufigsten genannten Wörter, sondern auch die Ausprägung und Streuung derselben.
Ebenso wie die einleitende Formulierung der Umfrage wurde das Layout des Fragebogens an das in den Zeitschriften der Subkultur übliche angepaßt, um nicht als nicht zugehörig abgelehnt zu werden. Als Hintergrund wurde deshalb ein sog. Kuhfellmuster gewählt, der Text wurde in verschiedenen Schriftgrößen und -arten gesetzt.

Das Formular für die Studenten. Das studentische Formular sieht folgendermaßen aus:

Umfrage

Die folgende Umfrage dient der Untersuchung von Wortbedeutungen innerhalb des studentischen Milieus. Sie ist selbstverständlich anonym. Vergeßt bitte trotzdem nicht, das Feld mit den Angaben zur Person auszufüllen. Danke!

Angaben zur Person
Geschlecht ______
Alter ______ Jahre
Semesterzahl ______
Studienfächer ______
Muttersprache ______

Schreibt unten positive und negative Wörter oder Ausdrücke auf, die für Euch und andere Studierende wichtig sind. Gebt bitte spontan möglichst viele Wörter oder Ausdrücke an, auch wenn Ihr Euch nicht ganz sicher seid.

Positive Wörter und Ausdrücke

1	7	13
2	8	14
3	9	15
4	10	16
5	11	17
6	12	18

Negative Wörter und Ausdrücke

1	7	13
2	8	14
3	9	15
4	10	16
5	11	17
6	12	18

Erläuterungen zum studentischen Formular:

Zu (i): Im Unterschied zur Punk-Untersuchung konnte in der studentischen Umfrage aus den genannten Gründen auf eine diskursive Anpassung der Einführung verzichtet werden und man konnte sich auf die Erklärung des Untersuchungsziels und -feldes beschränken. Selbstverständlich wurde auch hier wieder darauf geachtet, daß die einführende Formulierung in keiner Weise das Antwortverhalten der Vpn kanalisiert.

Zu (ii): Bei der Erhebung der personenspezifischen Daten wurden neben den Fragen nach Geschlecht und Alter auch die studentenspezifischen Daten (Semesterzahl und Studienfächer) erhoben. Dies geschah zum einen, um bei der Zusammensetzung der Vpn-Gruppe darauf achten zu können, daß nicht zu viele Personen derselben Fachrichtung und demselben Semester angehörten. Zum anderen wurde den Vpn so nochmals signalisiert, daß es sich um eine studentische Untersuchung handelt und somit gruppenspezifische Antworten erforderlich sind. Da ein nicht geringer Teil der Studenten an deutschen Hochschulen nichtdeutscher Nationalität ist, wurde auch die Muttersprache erhoben, um eventuelle Vergleiche zwischen den Nationalitäten herstellen zu können. Da die Anzahl der ausländischen Studenten unter den Vpn aber extrem gering war, wurde schließlich ganz auf sie verzichtet, um mögliche Verzerrungen zu vermeiden. Sicherlich kann diese Entscheidung kritisiert werden, da ja auch die ausländischen Studenten einen zu berücksichtigenden Einfluß besitzen. Es erhebt sich aber die Frage, wie gut ein nicht-deutscher Muttersprachler die deutsche Sprache beherrschen muß, um einen möglichen studentischen Diskurs, sofern vorhanden, anwenden zu können, denn um diesen ging es schließlich. Da aber die Anzahl dieser Vpn derart gering war, daß keine Aussagen darüber gemacht werden konnten, wurde, wie gesagt, auf sie verzichtet.

Zu (iii): Die Formulierung der Aufforderung an die Studenten unterschied sich von der an die Punks lediglich in der Bezeichnung der zur Untersuchung herangezogenen Gruppe: »Euch und andere Studierende« gegenüber »Euch und Eure Freunde« Ansonsten wurde hier auf strenge Parallelität geachtet, um eine bestmögliche Vergleichbarkeit zu wahren. Somit gelten hier alle oben gemachten Aussagen.

2.3.2. **Schritt 2 und 3 – Hierarchie und Semantisierung der subkulturellen Symbole.** Der zweite Schritt der Untersuchung dient, wie bereits erwähnt, der Ermittlung der Hierarchie der subkulturellen Symbole im Hinblick auf ihre positive bzw. negative Markierung, der dritte Schritt der Ermittlung der Semantisierung derselben. Aus zeitlichen Gründen wurden die Schritte 2 und 3 auf einem Fragebogen erhoben. In Folge dessen besteht das Formular aus vier Teilen:

(i-ii) siehe 2.3.1.

(iii) Ein Textteil, in dem die Vpn aufgefordert werden, die nachfolgenden Wörter und Ausdrücke anhand einer vorgegebenen Skala zu bewerten (Schritt 2).

(iv) Ein Textteil, in dem die Vpn aufgefordert werden, die Bedeutung der nachfolgenden Wörter und Ausdrücke zu charakterisieren (Schritt 3).

Schritt 2 und 3 der Punkuntersuchung. Die in diesem Umfrageformular aufgeführten Wörter wurden folgendermaßen ermittelt: Nach der Auswertung des ersten Untersuchungsschrittes wurden zunächst zwei Häufigkeitslisten erstellt: Eine Liste (a1) der positiven und eine (a2) der negativen Wörter oder Ausdrücke. Aus diesen Häufigkeitslisten wurde eine bestimmte Anzahl der potentiellen subkulturellen Symbole ausgewählt. Hierbei erschien eine Beschränkung auf ca. 40 Wörter oder Ausdrücke sinnvoll, da den Vpn eine aufmerksame Bearbeitung einer größeren Anzahl derselben nicht zugemutet werden sollte. Die Auswahl erfolgte nach einem Schlüssel, nach welchem die jeweils häufigsten Wörter oder Ausdrücke aus den Listen a1 und a2 berücksichtigt wurden. Dabei wurden allerdings nicht alle häufig genannten Wörter aufgenommen, sondern nur die, die nicht schon durch ein sehr ähnliches Wort vertreten waren (wie ›Polizei‹ und ›Bullen‹). Des weiteren wurden Wörter weggelassen, die nicht von unmittelbarem Untersuchungsinteresse waren. Demgegenüber wurden allerdings einige andere Wörter hinzugenommen, die nur eine geringe ($n<5$) Häufigkeit (Antifaschismus, Party, Oi! und Fuck) besaßen. Da der subkulturelle Diskurs mit dem gesamtdeutschen Diskurs verglichen werden sollte, wurden aus der Untersuchung über den deutschen Einzeldiskurs noch einige Wörter hinzugefügt (Frieden, Ausländer, Familie und Demokratie), die eine konträre Bewertung erwarten ließen. Die so erstellte Liste von 36 Wörtern bzw. Ausdrücken wurde alphabetisch geordnet und graphisch in drei Kolumnen eingeteilt. Eine gleichzeitige numerische Ordnung wurde ausgespart. Dadurch ist freigestellt, ob der Fragebogen gemäß der Zeilen- oder Spalteneinteilung ausgefüllt wird.
Das Formular für die Punk-Subkultur ist wie folgt gestaltet:

Wer sind das wir?
Umfrage (Teil II)

Hallo Leute!
Dies ist der zweite Teil einer Umfrage, die wir innerhalb der Punk-Szene machen. Vielleicht erinnert Ihr Euch ja an den ersten Teil, der im OX und im Plastic Bomb abgedruckt war. Diesmal geht's um folgendes: Ihr seht unten die Wörter und Ausdrücke, die Ihr uns zugeschickt habt und von denen Ihr denkt, daß sie irgendwie wichtig für uns sind. Es wäre klasse, wenn Ihr diese Wörter/Ausdrücke entsprechend der unten abgedruckten Aufforderungen »bearbeiten« könntet. Damit sich die ganze Arbeit lohnt, gibt's für diejenigen, die nicht anonym bleiben wollen, was zu gewinnen: die ersten 25, die uns schreiben, bekommen ein wunderschönes akustisches Präsent ('ne CD Ihr Nasen!). Wenn Ihr anonym bleiben wollt, vergeßt bitte trotzdem nicht, die Angaben zu Eurer Person einzutragen. *Ach noch was: Ihr könnt uns den Zettel mit einer Bestellung oder aber auch separat zuschicken!*
Also, haut rein!

Angaben zur Person

Geschlecht	______
Alter	______ Jahre
Schulabschluß	______
Beruf	______

Bewertet die nachfolgenden Wörter und Ausdrücke auf einer Skala von +100 (sehr positiv) bis -100 (sehr negativ). Bewertet bitte spontan, auch wenn Ihr Euch nicht ganz sicher seid.

Anarchie	_____	Freunde	_____	Musik	_____
Antifaschismus	_____	Freundschaft	_____	Nazis	_____
Arbeit	_____	Frieden	_____	Oi!	_____
Ausländer	_____	Fuck	_____	Party	_____
Bier	_____	Geld	_____	Politiker	_____
Bullen	_____	Hardcore	_____	Punk	_____
Demokratie	_____	Hass	_____	Sex	_____
Deutschland	_____	Kirche	_____	Sexismus	_____

Drogen	______	Kommerz	______	Sonne	______
Ehrlichkeit	______	Krieg	______	Spass	______
Familie	______	Leben	______	Straight edge	______
Freiheit	______	Liebe	______	Toleranz	______

zu früh gefreut, es geht noch weiter!

Seite 2

So Ihr faulen Krieger, nach 'ner kleinen Pause geht's weiter:

Was bedeuten die nachfolgenden Wörter für Euch und Eure Freunde? Nennt bitte 3 Wörter oder Begriffe, die die Bedeutung der angegebenen Wörter charakterisieren. Urteilt bitte spontan, auch wenn Ihr Euch nicht ganz sicher seid.

Anarchie	__________	__________	__________
Antifaschismus	__________	__________	__________
Arbeit	__________	__________	__________
Ausländer	__________	__________	__________
Bier	__________	__________	__________
Bullen	__________	__________	__________
Demokratie	__________	__________	__________
Deutschland	__________	__________	__________
Drogen	__________	__________	__________
Ehrlichkeit	__________	__________	__________
Familie	__________	__________	__________
Freiheit	__________	__________	__________
Freunde	__________	__________	__________
Freundschaft	__________	__________	__________
Frieden	__________	__________	__________
Fuck	__________	__________	__________
Geld	__________	__________	__________
Hardcore	__________	__________	__________
Hass	__________	__________	__________
Kirche	__________	__________	__________
Kommerz	__________	__________	__________
Krieg	__________	__________	__________
Leben	__________	__________	__________
Liebe	__________	__________	__________
Musik	__________	__________	__________
Nazis	__________	__________	__________
Oi!	__________	__________	__________
Party	__________	__________	__________
Politiker	__________	__________	__________
Punk	__________	__________	__________
Sex	__________	__________	__________
Sexismus	__________	__________	__________
Sonne	__________	__________	__________
Spass	__________	__________	__________
Straight edge	__________	__________	__________
Toleranz	__________	__________	__________

Danke!

Erläuterungen zum Formular für die Punk-Subkultur:

Zu (i): Die einleitende Formulierung des zweiten und dritten Schrittes stellt zunächst den Bezug zum ersten Untersuchungsschritt her. Hiermit sollen einerseits die Vpn des ersten Schrittes erneut angesprochen werden, andererseits soll auch eine bereits vorhandene Akzeptanz der Untersuchung betont werden. Für diejenigen Vpn, die den ersten Teil noch nicht kennen, ergibt sich weiterhin die Möglichkeit, in den angegebenen Zeitschriften Schritt 1 nachzulesen. Daraufhin wird den Vpn die Herkunft der Wörter und Ausdrücke erklärt, sowie um ihre Teilnahme und die Beantwortung der Fragen gebeten. Da die Beantwortungsdauer in der Regel 30 Minuten und länger beträgt und somit Gefahr besteht, daß nicht genug Vpn antworten, wurde die Umfrage mit einer Verlosung gekoppelt, bei der die ersten 25 Personen eine CD erhielten. Weil die Teilnahme an der Verlosung mit der Preisgabe der Adresse einhergeht, wird für Vpn, die anonym bleiben wollen, hierauf noch einmal ausdrücklich hingewiesen. Da ein Teil der Erhebung diesmal auch von einem Mail-Order-Verlag für Punkmusik mit dem Verlagskatalog verschickt wurde, folgt bei diesen Formularen noch der Hinweis, daß die Untersuchung unabhängig von eventuellen Bestellungen ist (kursiver Teil der oben angeführten Einleitung; in der Befragung aber nicht kursiv).

Zu (ii): siehe 2.3.1. (ii)

Zu (iii): In der ersten Frage werden die Vpn aufgefordert, die auf dem Fragebogen aufgeführten Wörter bzw. Ausdrücke auf einer 200 Intervalle bietenden Skala subjektiv zu bewerten. Die Breite der Skala mag zunächst verwundern, sie ist jedoch beabsichtigt. Da angestrebt wird, die Ergebnisse dieser Erhebung mit denen der bereits erwähnten Untersuchung des deutschen einzelkulturellen Diskurses zu vergleichen, wurde die dort gewählte Skalierung übernommen. Die Breite der Skala resultiert vor allem aus zwei Überlegungen. Zum einen wird die Hierarchisierung der Wörter und Ausdrücke dadurch besonders deutlich. Bei der Wahl einer Skala mit beispielsweise nur 7 Unterteilungen, ergäben sich für viele der ausgewählten Wörter oder Ausdrücke identische Bewertungen, so daß die Hierarchisierung verflachen würde. Des weiteren läßt sich anhand der angewandten Skala die Differenzierungskraft der Vpn aufzeigen. Es wird deutlich, wie stark die Vpn differenzieren, wenn man ihnen ihre Symbole, und d.h. für sie wesentliche Objekte vorlegt. Die Skala ist wiederum in einen positiven und einen negativen Bereich aufgeteilt. Es läßt sich somit feststellen, ob die Vpn in Binäroppositionen denken und bewerten. Eine neutrale Bewertung, also eine Wertung von ›0‹ war ebenfalls möglich.
Der zweite Teil der Aufforderung hat wiederum die Funktion, den Vpn die Angst vor falschen Nennungen zu nehmen. Die Formulierung der Frage ist so neutral gewählt, daß sie bei der Umfrage unter den Studenten ebenfalls verwendet werden kann und somit eine größtmögliche Vergleichbarkeit gewährleistet ist.

Zu (iv): Die zweite Frage enthält die Aufforderung, die nachfolgenden Wörter oder Ausdrücke zu charakterisieren. Die Vpn sollen die in Schritt 1 ermittelten und in Schritt 2 bewerteten Wörter und Ausdrücke mit anderen Wörtern oder Begriffen erklären, damit eine eventuelle subkulturelle Semantisierung ermittelt werden kann. Durch diese subkulturelle Semantisierung, die von der lexikalischen abweicht, kann festgestellt werden, ob ein Wort in der Subkultur eine vom Einzeldiskurs abweichende Bedeutung besitzt. Um zu gewährleisten, daß auch wirklich kulturelle und nicht nur lexikalische Charakterisierungen genannt werden, ist die Frage, wie schon in Schritt 1, indirekt formuliert und es wird nicht nach der persönlichen Charakterisierung, sondern nach der gruppenspezifischen – »für Euch und Eure Freunde« – gefragt.
Die Zahl der Antwortfelder beschränkt sich aus Gründen der Durchführbarkeit auf drei.

Zum Design des Fragebogens (Kuhfellmuster) siehe 2.3.1.
Für das Layout des Fragebogens ist auch aus Gründen der Wiedererkennbarkeit bzw. der Kontinuität das Kuhfell-Muster als Hintergrund gewählt worden.

Schritt 2 und 3 der Studentenuntersuchung. Die Auswahl der aufgeführten Wörter: Die Wahl der in den Schritt 2 und 3 verwendeten Wörter erfolgte nach den selben Kriterien wie bei der Punk-Untersuchung. Es wurden zum einen die in Schritt 1 am häufigsten genannten Wörter aufgenommen, diese dann noch durch für den Vergleich interessante Wörter aus der Punk-Umfrage (Anarchie, AntiFa, Arbeit, Bier, Deutschland, Drogen, Ehrlichkeit, Kirche, Politiker, Punk und Streß) und aus der gesamtdeutschen Umfrage (Ausländer, Demokratie, Haus, Kultur und Vaterland) ergänzt.
Das Formular der studentischen Untersuchung hat folgenden Text:

Umfrage

Die folgende Umfrage dient der Untersuchung von Wortbedeutungen innerhalb des studentischen Milieus. Sie ist selbstverständlich anonym. Vergeßt bitte trotzdem nicht, das Feld mit den Angaben zur Person auszufüllen. Danke!

Angaben zur Person

Geschlecht	______	
Alter	______	Jahre
Semesterzahl	______	
Studienfächer	______	
Muttersprache	______	

Bewertet die nachfolgenden Wörter und Ausdrücke auf einer Skala von +100 (sehr positiv) bis -100 (sehr negativ). Bewertet bitte spontan, auch wenn Ihr Euch nicht ganz sicher seid.

Anarchie	_____	Freiheit	_____	Musik	_____
AntiFa	_____	Freunde	_____	Natur	_____
Arbeit	_____	Freundschaft	_____	Politiker	_____
Armut	_____	Frieden	_____	Punk	_____
Ausländer	_____	Geld	_____	Sex	_____
Bier	_____	Glück	_____	Sicherheit	_____
Demokratie	_____	Hass	_____	Sonne	_____
Deutschland	_____	Haus	_____	Spass	_____
Drogen	_____	Kirche	_____	Streß	_____
Ehrlichkeit	_____	Krieg	_____	Toleranz	_____
Erfolg	_____	Kultur	_____	Urlaub	_____
Familie	_____	Liebe	_____	Vaterland	_____

Seite 2

Was bedeuten die nachfolgenden Wörter für Euch und andere Studierende? Nennt bitte 3 Wörter oder Begriffe, die die Bedeutung der angegebenen Wörter charakterisieren. Urteilt bitte spontan, auch wenn Ihr Euch nicht ganz sicher seid.

Anarchie	_________	_________	_________
AntiFa	_________	_________	_________
Arbeit	_________	_________	_________
Armut	_________	_________	_________
Ausländer	_________	_________	_________
Bier	_________	_________	_________
Demokratie	_________	_________	_________
Deutschland	_________	_________	_________
Drogen	_________	_________	_________
Ehrlichkeit	_________	_________	_________
Erfolg	_________	_________	_________

Familie	________	________	________
Freiheit	________	________	________
Freunde	________	________	________
Freundschaft	________	________	________
Frieden	________	________	________
Geld	________	________	________
Glück	________	________	________
Hass	________	________	________
Haus	________	________	________
Kirche	________	________	________
Krieg	________	________	________
Kultur	________	________	________
Liebe	________	________	________
Musik	________	________	________
Natur	________	________	________
Politiker	________	________	________
Punk	________	________	________
Sex	________	________	________
Sicherheit	________	________	________
Sonne	________	________	________
Spass	________	________	________
Streß	________	________	________
Toleranz	________	________	________
Urlaub	________	________	________
Vaterland	________	________	________

Danke!

Erläuterungen zum studentischen Formular:

Zu (i-ii): Sowohl die einleitende Formulierung als auch die Erhebung der persönlichen Daten sind aus dem ersten Schritt übernommen. Eine Anpassung war hier nicht notwendig.

Zu (iii-iv): Die beiden Fragen wurden aus den entsprechenden Teilen der Punk-Untersuchung übernommen (siehe 2.3.2.), wobei die erste Frage identisch war und die zweite Frage nur um die entsprechende Gruppenzuordnung (»für Euch und andere Studierende«) verändert wurde. Es gelten alle dort gemachten Erläuterungen – etwa über die Bewertungsskala – auch für diesen Untersuchungsteil.
Des weiteren gelten für die Schritte 2 und 3 der studentischen Umfrage alle Erläuterungen, die (in 2.3.1.) für Schritt 1 gemacht wurden.

2.4. Zur Auswahl der Versuchspersonen

Die Auswahl der Vpn ist der schwierigste Teil der Erhebung. Da die bisher vorgestellte Erhebung voraussetzt, daß sich die Vpn eindeutig der zu untersuchenden Subkultur zuordnen lassen, muß gesichert sein, daß die Zuordnung intersubjektiv nachvollziehbar ist. Bei den Studenten ist es noch leicht möglich, an den Universitäten die Vpn direkt zu befragen, was auch so gehandhabt wurde. Bei den ausgesuchten Universitäten handelt es um die Universitäten Dortmund, Bochum, Duisburg und Essen. Sie wurden aus Gründen der einfachen Durchführbarkeit ausgesucht. Zwar ist versucht worden, die Zusammensetzung der studentischen Vpn über die verschiedenen Fachrichtungen zu streuen, doch wäre eine anteilige Verteilung auf die verschiedenen Fakultäten bei der geringen Personenzahl wenig aussagekräftig und würde nur eine nicht vorhandene Repräsentativität vortäuschen. Des weiteren konnte davon ausgegangen werden, daß, wenn es sich bei den Studenten um eine Subkultur handeln sollte, die Gruppenmitglieder zumindest den wesentlichen Teil des Diskurses kennen und beherrschen, so daß nicht unbedingt Repräsentativität notwendig ist, um Diskurssymbole zu erheben.

Bei den Punks wurde die Methode der direkten Befragung (z.B. auf der Straße, an der Universität usw.) aus naheliegenden Gründen verworfen: Einerseits liegen keine eindeutigen äußeren Kriterien vor, nach denen man jemand als einen Punk einstufen könnte, andererseits ist die direkte Befragung einer Person nach ihrer subkulturellen Zugehörigkeit schwierig und unsicher, da ohne jegliches diskursive Umfeld dem Diskurs entsprechende Antworten nicht zwangsläufig zu erwarten sind.
Aus diesen Gründen wurde beschlossen, die Erhebung in entsprechenden Zeitschriften der Subkulturen durchzuführen, und zwar von folgender Überlegung geleitet: Wenn es Punk-Zeitschriften gibt, die explizit das Programm der Subkultur realisieren und sich als Organ dieser Subkultur verstehen, dann kann angenommen werden, daß die Leserschaft der Zeitschriften – zum größten Teil zumindest – ebenfalls dieser Subkultur angehört. Es ist zwar kein absolut sicheres Kriterium, es ist aber ein im vorliegenden Zusammenhang brauchbares und ein besseres als eine direkte Befragung. Wenn der Punk-Diskurs irgendwo zu finden ist, dann – so die Überlegung – am ehesten in jenen Zeitschriften, die sich als Publikationsorgan der jeweiligen Subkultur verstehen. Daher wurden die Formulare der Erhebung in den sogenannten Szene-Zeitschriften publiziert. Da es sich dabei um *Fanzines*, d.h. um Zeitschriften handelt, die nicht im offiziellen Umlauf vorhanden sind, besteht eine relativ große Sicherheit, daß »die Leute selbst« befragt wurden.
Bei der unüberschaubaren Anzahl von Veröffentlichungen in der Punk-Szene, die als Fanzines bezeichnet werden können, war es angebracht, einige für die Erhebung geeignete Titel auszuwählen. Als vorteilhaft erwiesen sich die Fanzines »Plastic Bomb« und »OX«. »Plastic Bomb« erscheint seit 1993 regelmäßig in Duisburg und wird überregional vertrieben. Heft Nr. 9 (Frühjahr '95), in dem die Umfrage dem Layout des Fanzines angepaßt abgedruckt wurde, hat eine Auflage von 3.200 Exemplaren. »OX« ist analog zu »Plastic Bomb« ein überregionales Fanzine. Es erscheint seit 1990 regelmäßig in Essen. Der Umfragebogen wurde in Heft Nr. 19 (April '95), dessen Auflage 5.300 Exemplare beträgt, eingelegt. Das Layout des Umfragebogens entspricht dem des in »Plastic Bomb« abgedruckten. Da circa 1.000 Exemplare dieses Heftes im Ausland verkauft werden, haben wir uns entschlossen, nur Fragebögen in den 4.000 in Deutschland vertriebenen Exemplaren einzulegen. Für die Auswahl dieser beiden Fanzines spricht neben der Möglichkeit, persönlich Kontakt mit den jeweiligen Redakteuren aufzunehmen, die feste Verankerung in der Punk-Subkultur, wie es u.a. durch die für Fanzines hohen Auflagen verdeutlicht wird. Darüber hinaus existieren beide Fanzines bereits mehrere Jahre und verfügen folglich über eine gewisse Tradition, die darauf schließen läßt, daß sie als Bestandteil der Subkultur akzeptiert sind. Vorteilhaft ist weiterhin, daß beide Fanzines sich insofern ähneln, als neben Beiträgen, deren Kompatibilität mit dem subkulturellen Diskurs evident erscheint (u.a. Interviews mit und Konzertberichte von Punk-Rock-Bands, Punk-Schallplattenbesprechungen etc.), auch Themenkomplexen Raum gewährt wird, deren Kompatibilität mit dem zu untersuchenden Diskurs nicht unmittelbar ersichtlich ist (u.a. Fußball, Kochen, Buch-, Comic- und Filmbesprechungen, Politik etc.). Dies ermöglicht es, den gesamten, nicht nur auf den Punk-Musik-Bereich beschränkten subkulturellen Diskurs hinsichtlich subkultureller Symbole zu untersuchen.

Für die Verteilung des zweiten und dritten Umfrageschrittes wurde neben dem »Plastic Bomb« auch der Mail-Order-Verlag »Impact Records« aus Duisburg herangezogen. Hierbei handelt es sich um einen Verlag, der fast ausschließlich Punkmusik vertreibt (Oi-Punk, Surf-Punk, Hardcore, Straight Edge, etc.). Bei der Versendung des vierteljährlichen Gesamtkatalogs wurde zusätzlich die Umfrage eingelegt. Da »Impact Records« hauptsächlich in den einschlägigen Fanzines inseriert und so vor allem den Mitgliedern der untersuchten Subkultur bekannt ist, kann davon ausgegangen werden, daß so in den meisten Fällen auch Vpn der Zielgruppe angesprochen werden.
Diese Verteilmöglichkeit wurde genutzt, weil die Fragebögen so besser von den Vpn wahrgenommen und sie damit direkter angesprochen werden konnten. Da diese Möglichkeit der

Veröffentlichung während des ersten Schrittes noch nicht zur Verfügung stand, konnte sie nur beim zweiten und dritten Schritt genutzt werden. Auf die Veröffentlichung des zweiten und dritten Teils des Fragebogens im »OX« wurde aus praktischen Gründen verzichtet.

2.5. Zur Frage der Validität

Zur Beurteilung empirischer Untersuchungen können verschiedene Gütekriterien herangezogen werden. Es sind dies: Validität (Gültigkeit), Reliabilität (Zuverlässigkeit) und Praktikabilität (Durchführbarkeit). Die Validität und die Reliabilität beziehen sich dabei auf Fehler, mit denen ein Meßinstrument behaftet sein kann. Die Validität bezieht sich auf systematische, also konstante Fehler, die Reliabilität auf unsystematische Fehler. Tritt ein variabler Fehler (Reliabilität) auf, so kann er dann stochastisch gemessen werden, wenn er zufällig verteilt ist. Er kann dadurch bei wiederholten Messungen verringert werden (vgl. Hammann/Erichson 1990, 74). Bei einer Teilerhebung läßt sich die Reliabilität darüber hinaus durch eine Vergrößerung des Stichprobenumfangs verbessern, was bei der Validität jedoch nicht möglich ist (ebd., 152). Bezüglich der Validität unterscheidet man zudem zwischen interner und externer Validität. Die interne Validität betrifft die Gültigkeit der Ergebnisse innerhalb der Stichprobe, die externe Validität fragt nach der Übertragbarkeit der Stichprobenergebnisse auf die Grundgesamtheit. Es ist dies also die Frage nach der Repräsentanz der Stichprobenauswahl (ebd., 156). Eine Stichprobe ist dann repräsentativ, wenn sie die Grundgesamtheit abbildet.

Auch für die vorliegende Untersuchung stellt sich zuerst die Frage nach der Validität. Messen die Fragebögen genau das, was sie zu messen vorgeben, also subkulturelle Symbole. Die Vpn wurden gebeten, Worte und Begriffe zu nennen, die für sie und ›ihre Freunde‹ bzw. ›andere Studierende‹ wichtig sind. Mit dieser Fragestellung sollte vermieden werden, daß nur ganz persönliche Dinge genannt werden. Es sollten vielmehr Wörter und Begriffe genannt werden, die in der Subkultur eine Rolle spielen. Es ist somit zu fragen, ob die Vpn während des Ausfüllens des Fragebogens bewußt die Subkultur miteinbeziehen. Es kann argumentiert werden, daß diese Transferleistung nicht erfolgt, also letztendlich doch nur persönlich wichtige Wörter und Begriffe genannt werden. Diesem Kritikpunkt kann man entgegenhalten, daß, wenn alle ihre ›persönliche Meinung‹ abgeben, sich in der Akkumulation doch die ›Meinung‹ der Subkultur ergibt, man also in der Tat die entsprechenden Symbole erhält.

Die Reliabilität scheint bei der vorliegenden Umfrage eher ein untergeordnetes Problem zu sein. Da hier nicht numerische Werte, sondern Wörter ermittelt werden, ist ein gewisses Maß an Variabilität unvermeidlich. Dies ist insbesondere auch dadurch bedingt, daß mit Sicherheit auch persönlich wichtige Wörter und Begriffe in die Antworten eingegangen sind. Das hat zur Folge, daß eine gewisse Anzahl der ermittelten Wörter ausgesondert werden mußte, wobei die Häufigkeit der Nennungen als Kriterium herangezogen wurde. Da jedoch über die Menge der in der Subkultur vorhandenen Symbole zunächst noch nichts ausgesagt werden kann, muß die Variabilität nicht unbedingt ein Zeichen geringer Reliabilität sein, sondern kann vielmehr auch ein Hinweis darauf sein, daß man mit der vorliegenden Methode die Menge der in der Subkultur vorhanden Symbole umfassend ermitteln kann.

Zur Praktikabilität ist wenig zu bemerken. Der Umweg über die Fanzines erwies sich nach der Ergebnisauswertung als gangbarer Weg. Auch die Aufgabenstellung schien keine Irritationen hervorzurufen, da das Antwortverhalten in der Gesamtheit relativ homogen erscheint.

Ein wichtiges Problem ist die Frage der Repräsentanz der Stichprobe. An dieser Stelle ist sicherlich Vorsicht angebracht. Eine Stichprobe muß, soll sie repräsentativ sein, die Grundgesamtheit abbilden. Da man über die demographische und sozioökonomische Zusammensetzung der von uns untersuchten Subkultur der Punks wenig oder nichts weiß, kann die Stichprobe in dieser Hinsicht nicht beurteilt werden. Durch die Methode, einen Fragebogen in einem Fanzine zu veröffentlichen, findet sicher auch eine gewisse Selbstselektion der Vpn statt, die nicht gesteuert werden kann. Da unsere Fragestellung jedoch lautet, ob sich eine Subkultur durch ihre Symbole von der Einzelkultur unterscheidet, erscheint uns unser Vorgehen gerechtfertigt. Die Subkultur wurde von uns als die Gruppe definiert, die die Ziel-

gruppe der genannten Zeitschriften ist, und mit dem Fragebogen befragen wir diejenigen, die Leser der Zeitschriften sind.
Zur Repräsentanz gehört darüber hinaus eine gewisse Mindestzahl an Rückantworten. Sicherlich ist die vorhandene Anzahl von Vpn (siehe 3.) recht gering, doch erscheint sie als ausreichend, um zumindest einen Teil der subkulturellen Symbole zu erheben. Volle Repräsentativität ist allerdings nicht proklamierbar.
Schließlich soll auch noch auf die Interpretation der ermittelten Daten eingegangen werden, was wieder zum Problem der Validität zurückführt. Die Ausgangshypothese lautet, daß Subkulturen sich im Hinblick auf ihre Symbolik von der Symbolik der Einzelkultur unterscheiden. Liefert die Untersuchung ein solches Ergebnis, so gilt die Hypothese als nicht verworfen. Sollte die Hypothese jedoch verworfen werden, so könnte man die Frage stellen, ob nun die Ausgangshypothese zu verwerfen ist, oder ob die Methode nicht in der Lage war, die an sich vielleicht zutreffende Hypothese zu prüfen. Somit sind wir also in der Tat zum Ausgangspunkt der Diskussion um die Beurteilung der vorliegenden Untersuchung anhand von Gütekriterien zurückgekehrt. Es lassen sich einige Argumente finden, die es angezeigt sein ließen, diesen möglichen Kritikpunkt zumindest zu problematisieren. Aufgrund unserer Überlegungen scheint uns die hier vorgestellte Methode jedoch die beste zu sein, zumindest die beste, die wir haben entwickeln können. Sie findet den Ausgleich zwischen einem gewissen Maß an Ungenauigkeit – es soll also mitnichten behauptet werden, daß sie nur, ausschließlich und exakt subkulturelle Symbole ermittelt – und einem ausreichenden Maß an Genauigkeit, das es erlaubt, in den ermittelten Wörtern und Begriffen subkulturelle Symbole zu sehen. Man darf nicht vergessen, daß eine Aufforderung für die Vpn auch verständlich sein muß. Man kann eben nicht formulieren: ›Nenn mal die Symbole Deiner Subkultur‹.

3. Die Stratifikation der Versuchspersonengruppen

Die Zusammensetzung der Vpn-Gruppen ist zufällig. Zur Gliederung der Gruppe wurden 4 bzw. 5 Kriterien angewandt: Geschlecht, Alter, Bildung, Beruf bzw. Semesterzahl und Studienfach. Es war nicht möglich, bei jedem Schritt der Untersuchung immer dieselben Vpn zu befragen, so daß keinerlei Schlüsse über die Konstanz der Antworten, über individuelles Antwortverhalten u.dgl. möglich sind. Im weiteren Verlauf werden die Vpn-Gruppen näher charakterisiert.

3.1. **Schritt 1.** An der ersten Erhebung nahmen 76 (Punks) bzw. 88 Personen (Studenten, deutsche Muttersprachler) teil. Es ergab sich die folgende Gliederung der Vpn-Gruppen. Nicht in allen Rubriken ergeben die Zahlen die Summe der Vpn. Dies ist auf die gelegentlich fehlenden (von den Vpn nicht gemachten) Angaben zurückzuführen.

Tabelle 1, Die Vpn-Gruppe bei Schritt 1 der Punk-Umfrage

Merkmal	Allg.	Alter					Bildung	
Vpn		bis 15	16-20	21-25	26-30	>30	Abitur	Studenten
Frau	8	1	3	3	1		2	2
Mann	65	5	24	14	12	7	17	10
ohne Angaben	3							
Summe	76	6	27	17	13	7	19	12
Abitur	19	0	9	5	1	4		
Studenten	12	0	2	4	5	1		

Tabelle 2, Die Vpn-Gruppe bei Schritt 1 der studentischen Umfrage

Merkmal	Allg.	Alter				Semesterzahl			Studienfach	
Vpn		bis 20	20-25	26-30	>30	1-5	6-10	>10	G-W	N-W
Frau	52	11	25	14	2	24	15	13	37	15
Mann	34	0	13	18	3	9	11	14	25	9
ohne Angaben	2			2				2	2	
bis 20	11					11	0	0	2	9
21-25	38					20	13	5	32	6
26-30	34					2	12	20	26	8
>30	5					0	1	4	4	1
1-5	33								20	13
6-10	26								20	6
>10	29								24	5

G-W = geisteswissenschaftliches, N-W = naturwissenschaftliches Fach

3.2. **Schritt 2 und 3.** An der zweiten und dritten Erhebung nahmen 88 (Punks) bzw. 53 Personen (Studenten, deutsche Muttersprachler) teil.

Tabelle 3, Die Vpn-Gruppe bei Schritt 2 und 3 der Punk-Umfrage

Merkmal	Allg.	Alter					Bildung	
Vpn		bis 15	16-20	21-25	26-30	>30	Abitur	Studenten
Frau	15	4	7	3	1	0	2	2
Mann	71	4	28	26	10	3	23	7
ohne Angaben	2	0	0	1	1	0	1	0
Summe	88	8	35	30	12	3	25	9
Abitur		0	13	8	4	1		
Studenten		0	0	7	2	0		

Tabelle 4, Die Vpn-Gruppe bei Schritt 2 und 3 der studentischen Umfrage

Merkmal	Allg.	Alter			Semesterzahl				Studienfach		
Vpn		20-25	26-30	>30	1-5	6-10	>10	o.A.	G-W	N-W	o.A.
Frau	30	22	8		6	16	8		25	5	
Mann	23	12	9	2	3	11	8	1	14	8	1
20-25	34				9	20	5	1	28	6	1
26-30	17					7	10		12	5	
>31	2						2			2	
1-5	9								8	1	
6-10	27								20	7	
> 10	16								12	5	

G-W = geisteswissenschaftliches, N-W = naturwissenschaftliches Fach; o.A. = ohne Angaben

Da die Anzahl der Vpn in beiden Gruppen sehr gering ist, können in den weiteren Abschnitten keine tiefgehenden Schlüsse gezogen werden. Die Daten und Ergebnisse sind also als relativ instabil und unsicher anzusehen. Es können bestimmte Tendenzen und Trends beobachtet werden, es können jedoch keine endgültigen Entscheidungen bezüglich des diskurssymbolischen Charakters der ermittelten Wörter getroffen werden. Die Ergebnisse der vorliegenden Untersuchung dürfen daher nur als eine erste Annäherung an das Objekt, ein erster Versuch, die Diskurssymbolik in Erfahrung zu bringen, betrachtet werden. Diese Einschränkungen gelten für alle Behauptungen in den folgenden Kapiteln. Aus stilistischen Gründen wird darauf verzichtet, an den Stellen, an denen dies notwendig wäre, auf diesen Umstand immer wieder zu verweisen.

4. Die Ermittlung der subkulturellen Symbole bei den Punks

Im folgenden werden die Ergebnisse des ersten Schrittes der Erhebung präsentiert. Es handelt sich dabei um Häufigkeitslisten, die sich aus der Auswertung der Formulare ergeben haben. Ins Gewicht fallen bei diesem Erhebungsschritt insgesamt nur jene Wörter, die eine hohe Position in den jeweiligen Listen einnehmen, von ihnen ist zu vermuten, daß es sich möglicherweise um subkulturelle Symbole handelt. Die akzidentiellen Nennungen sind nicht als solche zu betrachten, es handelt sich dabei um Wörter der natürlichen Sprache, die für die eine oder andere Vpn möglicherweise von Bedeutung sind, jedoch – so ist zu vermuten – für die Subkultur, d.h. für den subkulturellen Diskurs keine wesentlichen Funktionen besitzen. Zunächst werden die Ergebnisse der Punk-Untersuchung detailliert dargestellt und besprochen und danach zu Vergleichszwecken die der studentischen Umfrage präsentiert.

4.1. Das Type/Token-Verhältnis

Es wurden von den Vpn der Punkgruppe insgesamt 1705 und von den Studenten 1503 Wörter (Types) genannt. Die Type/Token-Verhältnisse stellt die folgende Tabelle (5) dar; die letzte Zeile gibt das Type/Token-Verhältnis an. Eine Gliederung nach den erhobenen Merkmalen der Vpn wird hier nicht vorgenommen, da die Anzahl der Vpn äußerst gering ist.

Tabelle 5, Das Type/Token-Verhältnis der Punks

Vpn	Punks			Studenten		
	Allg.	pos.	neg.	Allg.	pos.	neg.
Types	1705	845	922	1503	674	872
Token	2302	1131	1171	2599	1333	1266
T/T	0,74	0,75	0,79	0,58	0,51	0,69

Man kann beobachten, daß das Verhältnis bei den Punks sehr ausgeglichen ist, es werden ähnlich viele positive wie negative Wörter genannt. Die Studenten nennen – im Vergleich mit den Punks – mehr negative als positive Wörter. Was besonders auffällt, ist die deutlich niedriger ausgeprägte Übereinstimmung bei den Punks. Es wird also ein relativ breites Repertoire an Wörtern angegeben. Die Studenten weisen in dieser Hinsicht eine größere Übereinstimmung auf. Das Repertoire ist hier geringer. Dieser Befund spricht zunächst einmal gegen die Hypothese. Es kann aber auch heißen, daß die Studenten sich beim ersten Schritt der Umfrage eher auf sozusagen fachspezifische, eben studentische Angelegenheiten beschränkten und dies betreffende Wörter angaben. Die übrigen Daten werden hier mehr Klarheit bringen.

4.2. Die Nennhäufigkeit bei den Punks

Die Auszählung der Ergebnisse des ersten Schrittes der Punk-Untersuchung ergab die folgende Häufigkeitsliste (es werden die sich öfter als 5mal wiederholenden Wörter angegeben, und zwar einmal absolut und einmal prozentual zur Anzahl der Vpn).

[Bemerkung: In den nachfolgenden Tabellen bzw. Listen werden die Wörter – sofern keine anderen Angaben erfolgen – jeweils in der Form präsentiert, in der sie von den Vpn genannt wurden, sie werden vorläufig nicht gruppiert oder im Hinblick auf den Kasus, den Numerus u.dgl. zu einem Wort zusammengezogen. Es sollen die tatsächlich aufgetretenen Formen wiedergegeben werden, zum einen, um die Ergebnisse nicht zu verfälschen, und zum anderen, weil in diesem Stadium der Untersuchung noch nicht abzusehen ist, ob die unterschiedlichen Formen möglicherweise auf unterschiedliche Semantisierungen und/oder Positionen in der einzelkulturellen Hierarchie zurückgehen. Es kann nämlich vorkommen, daß auch nur geringfügig abweichende Wortformen, unterschiedliche kulturelle Bedeutungen und Funktionen besitzen.]

Tabelle 6, Die Nennhäufigkeit bei den Punks

	absolut			prozentual		
Wort	allg.	pos.	neg.	allg.	pos.	neg.
Liebe	18	18	0	23,68	23,68	0
Politiker	17	0	17	22,37	0	22,37
Sex	16	15	1	21,05	19,74	1,32
Freiheit	12	11	1	15,79	14,47	1,32
Punkrock	12	12	0	15,79	15,79	0
Techno	12	0	12	15,79	0	15,79
Spaß	11	11	0	14,47	14,47	0
Bier	10	9	1	13,16	11,84	1,32
Konzerte	10	10	0	13,16	13,16	0
Krieg	10	0	10	13,16	0	13,16
Punk	10	8	2	13,16	10,53	2,63
Drogen	9	2	7	11,84	2,63	9,21
Musik	9	9	0	11,84	11,84	0
Toleranz	9	8	1	11,84	10,53	1,32
Bullen	8	0	8	10,53	0	10,53
Ehrlichkeit	8	8	0	10,53	10,53	0
Freundschaft	8	8	0	10,53	10,53	0
Fußball	8	7	1	10,53	9,21	1,32
geil	8	7	1	10,53	9,21	1,32
Geld	8	5	3	10,53	6,58	3,95
Nazis	8	0	8	10,53	0	10,53
Freunde	7	7	0	9,21	9,21	0
Intoleranz	7	0	7	9,21	0	9,21
Polizei	7	0	7	9,21	0	9,21
Sonne	7	7	0	9,21	9,21	0
Spießer	7	0	7	9,21	0	9,21
Alkohol	6	4	2	7,89	5,26	2,63
Arbeit	6	1	5	7,89	1,32	6,58
Chaos	6	5	1	7,89	6,58	1,32
Hardcore	6	6	0	7,89	7,89	0
Kirche	6	0	6	7,89	0	7,89
Leben	6	6	0	7,89	7,89	0
OX	6	5	1	7,89	6,58	1,32
Scheiße	6	1	5	7,89	1,32	6,58
Sexismus	6	0	6	7,89	0	7,89
Urlaub	6	6	0	7,89	7,89	0
Anarchie	5	5	0	6,58	6,58	0
Deutschland	5	1	4	6,58	1,32	5,26
Faschismus	5	0	5	6,58	0	6,58
Gewalt	5	0	5	6,58	0	6,58
Glück	5	5	0	6,58	6,58	0
Haß	5	0	5	6,58	0	6,58
Kommerz	5	0	5	6,58	0	6,58
Plastic Bomb	5	4	1	6,58	5,26	1,32
Pogo	5	5	0	6,58	6,58	0
Rassismus	5	0	5	6,58	0	6,58
Religion	5	1	4	6,58	1,32	5,26
straight edge	5	2	3	6,58	2,63	3,95

Tabelle 7, Positive und negative Nennungen der Punks (absolut und prozentual)

positiv	n	%	negativ	n	%
Liebe	18	23,68	Politiker	17	22,37
Sex	15	19,74	Techno	12	15,79
Punkrock	12	15,79	Krieg	10	13,16
Freiheit	11	14,47	Bullen	8	10,53
Spaß	11	14,47	Nazis	8	10,53
Konzerte	10	13,16	Drogen	7	9,21
Bier	9	11,84	Intoleranz	7	9,21
Musik	9	11,84	Polizei	7	9,21
Ehrlichkeit	8	10,53	Spießer	7	9,21
Punk	8	10,53	Kirche	6	7,89
Toleranz	8	10,53	Sexismus	6	7,89
Freundschaft	8	10,53	Arbeit	5	6,58
Freunde	7	9,21	Faschismus	5	6,58
Fußball	7	9,21	Gewalt	5	6,58
geil	7	9,21	Haß	5	6,58
Sonne	7	9,21	Kommerz	5	6,58
Hardcore	6	7,89	Rassismus	5	6,58
Leben	6	7,89	Scheiße	5	6,58
Urlaub	6	7,89			
Anarchie	5	6,58			
Chaos	5	6,58			
Geld	5	6,58			
Glück	5	6,58			
OX	5	6,58			
Pogo	5	6,58			

4.2.1. Die Typologie der Wörter

Um eine Einsicht in die Gliederung der Wörter zu erhalten, wird eine Typologisierung in sieben Gruppen unternommen. Die Kriterien der Einteilung ergaben sich aus der konkreten Ausprägung der Nennungen. Dabei werden dreizehn relativ umfangreiche Bereiche gebildet, und zwar die folgenden:

Tabelle 8, Die Typologie der punkschen Nennungen

Typologische Klasse	Types	Token	Types %	Token %	T/T
1. Zwischenmenschliche Beziehungen	63	122	3,70	5,30	0,52
2. Gesellschaft	178	257	10,44	11,16	0,69
3. Wertvorstellungen	186	294	10,91	12,77	0,63
4. Selbstbild, Jugendkultur	214	326	12,55	14,16	0,66
5. Freizeit/Spaß	106	152	6,22	6,60	0,70
6. Drogen	63	93	3,70	4,04	0,68
7. Gewalt, Konflikt	31	55	1,82	2,39	0,56
8. Religion	14	25	0,82	1,09	0,56
9. Wertungen	265	339	15,54	14,73	0,78
10. Ausdrücke	152	154	8,91	6,69	0,99
11. Arbeit, Bildung	42	59	2,46	2,56	0,71
12. Ikons, Prominente	47	51	2,76	2,22	0,92
13. Sonstige	344	375	20,18	16,29	0,92
Summe	1705	2302	100	100	

Es wäre nicht sinnvoll, alle in der jeweiligen typologischen Klasse enthaltenen Wörter anzugeben, daher soll jede der Klassen nur kurz charakterisiert und mit einigen Beispielen versehen werden.

Zwischenmenschliche Beziehungen. Die Gruppe zeichnet sich durch eine eindeutige Zugehörigkeit der Wörter zu den Bereichen: Liebe, Sex, Partnerschaft und Freundschaft aus. Beispiele: Arschfick, Frauen, Freunde, Liebe, onanieren, Gefühle, Lust, Muschiloch, Wix Vorlage, Zärtlichkeit.

Gesellschaft. Die Gruppe wird durch folgende Schwerpunkte gekennzeichnet: Politik, Staat, Wirtschaft und Geschichte. Mitunter werden Staatseinrichtungen, Parteien, Politiker, politische Systeme und Richtungen genannt, z.B.: CSU, Jungsozialisten, links. Historische Persönlichkeiten (Hitler) und Ereignisse (Deutsche Einheit) wie auch Länder und Städte (Berlin, Hoyerswerda) werden dieser Gruppe zugeordnet. Beispiele: Bullen, Demokratie, Deutschland, Kohl, Marktwirtschaft, Nazis, Politiker, Polizei, Sparmaßnahmen, Wehrpflicht.

Wertvorstellungen. Dieser Klasse gehören Wörter an, die verschiedene Lebenseinstellungen, Wesensarten und Charakterzüge ausdrücken, z.B.: Arroganz, Engstirnigkeit, Offenheit. Außerdem umfaßt die Gruppe unterschiedliche Gesinnungen, Ideologien, Lehren und Weltanschauungen, z.B.: Rassismus, Umweltschutz, Vegetarismus. Im Gegensatz zu der Gruppe ›Wertungen‹ spielt die negative und/oder positive Einstufung der Wörter eine untergeordnete Rolle. Beispiele: Anarchie, Disziplin, Ehrlichkeit, Freiheit, Geld, Glück, Leben, Selbstachtung, Sexismus, Unterdrückung.

Selbstbild, Jugendkultur. Zu dieser Klasse gehören Bezeichnungen, die die Punk-Szene selbst beschreiben (plastic bomb, oi! oi! oi!, bunte haare) oder mit der Musikkultur zusammenhängen. Musikrichtungen, -veranstaltungen, Sänger, Bands, Tanzarten beziehen sich nicht ausschließlich auf die Punk-Subkultur. Darunter befinden sich Ausdrücke und Einzelwörter, die auch andere Diskurse charakterisieren, z. B.: Elvis, Techno, Popstar. Beispiele: Dancefloor, Fanzines, Hardcore, Konzerte, CDs, Chaos, Punk, Stereo-Anlage, straight edge, Szene.

Freizeit/Spaß. Die Wörter dieser Gruppe beziehen sich im allgemeinen thematisch auf den Zeitvertreib, Vergnügungen und damit verbundene Stimmungen, z.B.: Party, Urlaub, chinesisch essen, gute Laune. Hier fallen auch Wörter wie z. B.: Langeweile, schlafen und faul sein. Darüber hinaus zählen Sportarten und -aktivitäten zu dieser Gruppe, z.B.: Skateboard, tanzen, Tennis. Beispiele: Baseball, Computer, gute Literatur, FC St. Pauli, Fußball, Karneval, Mode, Schalke 04, Sonnen-Studio, Wochenende.

Drogen. In der Gruppe sind sowohl Bezeichnungen konkreter Rauschmittel unterschiedlichster Stärke als auch Rauschzustände und damit verbundene Utensilien, Krankheiten u.ä. angegeben. Beispiele: Alkohol, Bier, dope, Cannabis, Gras, harte Drogen, Hasch, Junkies, Kaffee, kiffen, rauchen.

Gewalt/Konflikt. Zu dieser Gruppe gehören Wörter, die starke Gefühle von Ablehnung und Feindschaft ausdrücken, semantisch dem Oberbegriff ›Gewalt/Konflikt‹ entsprechen und Träger der Gewalt oder ihre Opfer bezeichnen. Beispiele: Aggression, Angst, Gewalt, Haß, Krieg, Provokation, Kampf, Mörder, Ausländerhaß, Opfer.

Religion. Diese Gruppe schließt sowohl Bezeichnungen von kirchlichen Einrichtungen und Feiertagen, als auch die von Sekten ein. Beispiele für diese typologische Klasse: Kirche, Glaube, göttlich, Gott, Papst, katholisch, Kirchen und Sekten, Ostern, Weihnachten.

Wertungen. Hierzu gehören Wörter, denen ein bestimmter positiver oder negativer Wert zuerkannt wird, darunter überwiegend Wörter mit einer eindeutig negativen Ausprägung.

Die positiven Wertungen werden hauptsächlich durch Adjektive ausgedrückt, z.B.: sehr gut, sehr geil, super geil. In dieser Klasse befinden sich auch gegen Personen oder Gruppen gerichtete Schimpfwörter, z.B.: Scheiße, fuck, Arschlöcher, militante Vegetarier. Beispiele: ätzend, Bonzen, cool, Emanzen, Hippie, Kommerz, lustig, Lutscher, schön, Spießer.

Ausdrücke. Für die Aufstellung dieser Kategorie stellt die Thematik kein notwendiges Kriterium dar. Vielmehr ist dafür die Mindestanzahl von zwei Wörtern ausschlaggebend. Die dieser Gruppe angehörenden Ausdrücke entstammen in semantischer Hinsicht verschiedenen Bereichen und bilden somit ein breites thematisches Spektrum. Beispiele: Angaben zur Person, arbeitslos und Spaß dabei, asozial scheißegal, das beste aus der Scheißwelt machen, das ist unser Ding, die Kiste ist leer, freut mich, do it yourself, haut hin, just for fun, kiss my ass.

Arbeit/Bildung. In der Kategorie ›Arbeit/Bildung‹ werden jene Wörter zusammengefaßt, die dem Arbeitsprozeß und seiner Organisation sowie der Bildung zuzuordnen sind. Des weiteren befinden sich hier Bezeichnungen konkreter Berufe sowie Wörter, die mit dem Fehlen von Arbeit in Zusammenhang gebracht werden können (z.B.: arbeitslos, arbeitslos sein). Beispiele: Akademiker, Arbeit, Beruf, Chef, Lehre, Karriere, Pleite, Schmied, Student, Überstunden.

Ikons/Prominente. Die Gruppe enthält die in der Gesellschaft etablierten (Marken-)Namen von Institutionen, Firmen, Fernsehprogrammen, Filmen, Lebensmittelprodukten und Zeitschriften bzw. Zeitungen. In diese Wortgruppe fallen auch Namen bekannter Persönlichkeiten. Beispiele: Ilona Christen, Bild-Zeitung, Bukowski, Cola, Dolly Buster, McDonald, MTV, OX, Sesamstraße.

Sonstiges. Der Gruppe ›Sonstiges‹ gehören Wörter an, die keiner der oben erwähnten Themenkategorie zugeordnet werden konnten. Beispiele: Betonbauen, Bücher, Fleisch, Frühling, Hunger, Ironie, kotzen, Krankheit, Martin Bergmann, Park, Pizza, Sonne.

4.2.2. Die gruppierten Wörter

In der obigen Liste wurden die Wörter der Häufigkeit nach präsentiert. Bereits die erste Durchsicht der gesamten Häufigkeitsliste erlaubt festzustellen, daß viele der genannten Wörter in mehreren Varianten oder Formen auftreten, auch sind sie oft Bestandteile von Ausdrücken. Berücksichtigte man nur die reine Häufigkeit, gingen diese diversen Formen verloren. Es ist daher notwendig, die formal zusammenhängenden Wörter zu gruppieren, um das gesamte Repertoire erfassen zu können. Dabei verändert sich selbstverständlich die Häufigkeitshierarchie erheblich, sie spiegelt aber die tatsächlichen Verhältnisse im Hinblick auf die Wichtigkeit der Wörter besser wider. Führt man eine solche Gruppierung durch, ergibt sich das folgende (in Tabelle 9 dargestellte) Bild. Dabei gilt die Regel: Die am häufigsten genannten Wörter werden in drei Kategorien angegeben, und zwar als: a) Grundwort, b) Varianten des Grundwortes und c) das Grundwort (oder die Varianten) enthaltende Ausdrücke. Als Grundwort gilt die in einer entsprechenden Klasse am häufigsten angegebene Wortform. Als Varianten gelten alle mit ihr verwandten, aber in irgendeiner Hinsicht von ihr abweichenden Wortformen oder aus demselben semantischen Feld stammende Wörter. Als Ausdrücke werden alle von den Vpn angegebenen Formulierungen angesehen, die das Grundwort oder aber eine seiner Formen (Varianten) enthalten. Bei der Bestimmung der Varianten wurde in einigen wenigen Fällen relativ frei zugeordnet, es ging hauptsächlich darum, eine für wesentlich gehaltene und mitunter relativ häufig auftretende semantische Komponente mit zu erfassen (diese Wörter werden kursiv gesetzt). Für jede Kategorie wird die jeweilige absolute Häufigkeit (n) angegeben. Die letzte Spalte ›insg.‹ enthält die Summe der einzelnen Häufigkeiten. Im Fall von ›Haß/Hass‹ handelt es sich sowohl um das deutsche Wort ›Haß‹ als auch um den Namen der Punkgruppe ›Hass‹.

Tabelle 9, Die gruppierten Wörter der Punks

Grundwort	n	Varianten	n	Ausdrücke	n	insg.
Punk	10	Punkrock	7	Punk Rock	5	41
		Dummpunk	1	friede Freude Punkkonzert	1	
		Punker	1	Arbeiterpunx United	1	
		Punks	1	fun punk	1	
		Punkkonzerte	1	möchte gern Punks	1	
		Punkmusik	1	Punk = Alkohol	1	
				Punk = anti	1	
				Punk = saufen + Pogo	1	
				Punk als Mode	1	
				Punk hc	1	
				Punk Punkrock	1	
				Punk rulez	1	
				Punk sei dank	1	
				Punkrock Orgie	1	
				Punx Skins	1	
Freundschaft	8	Freundin	4	falsche Freunde	3	32
		Freund	2	gute Freunde	2	
		Freunde	7	Freund Freundin	1	
				Freunde Freundinnen	1	
				Freunde obwohl sie fast ausgestor-ben sind	1	
				Freundschaft und Liebe	1	
				echte Freunde	1	
				ex Freundin	1	
Drogen	9	dope	3	harte Drogen	3	30
		Hasch	3	Drogen sind cool	1	
		Drugs	1	Drogen sind nie weich	1	
		Gras	1	Drogen vor allem Zigaretten und		
		Cannabis	1	Alkohol	1	
		haschen	1	Drogensüchtige zu Hasch Konsu-		
		haschgift	1	menten	1	
		Haschisch	1	Gras usw.	1	
		Heroin	1			
Bier	10	Alt	1	Bier (flüssig Brot)	1	26
		Beck	1	Bier (Holsten)	1	
		Pils	1	Bier in dillje limo	1	
				Bier ist alle	1	
				Bier Proll	1	
				Bierbäuche	1	
				Bierkoster Schande	1	
				Biermangel	1	
				alt Bier	1	
				Emmos Digge Biersorte	1	
				P C Pils (Malzbier) alkoholfrei	1	
				schales Bier	1	
				Steffi Bier	1	
Bullen	8	Polizei	7	Bulle Zensur	1	21
		Bulle	1	Bullen tatütata	1	
				Bullenschwein	1	
				Bullenschweine	1	
				dumme Cops	1	

Grundwort	n	Varianten	n	Ausdrücke	n	insg.
Nazis	8	Nazi	1	Nazi Faschist	1	20
				Nazi Fascho	1	
				Nazi Parolen	1	
				Nazi Punks	1	
				Nazis ärgern	1	
				Nazis, die sollen alle raus hier	1	
				Nazis Faschismus	1	
				Nazis hauen	1	
				Neo Nazis	1	
				tote Nazis	1	
				toter Nazi	1	
Politiker	17	Politik	1	Politik auf jeden Fall die im Moment	1	20
		Politikverdrossenheit	1			
Liebe	18			Liebe, obwohl es in den meisten Fällen Heuchelei ist	1	19
Sex	16			Sex drugs and'rocknroll	1	18
				Sex Freundin	1	
Arbeit	6	arbeiten	4	arbeiten Geld	1	18
		arbeitslos	3	arbeitlos und Spaß daran	1	
		Arbeitsamt	1	arbeitslos und Spaß dabei	1	
		arbeitslos sein	1			
Spaß	11	Spaß ham	1	Spaß an der Freude	1	14
				Spaß haben viel lachen	1	
Deutschland	5	Doitschland	4	deutsches Reich	1	14
		BRD	2	doitsche Kultur	1	
				Deutschtum, gibt's doch in Wirklichkeit	1	
Hass	5	Haß	3	Hass & Eifersucht	1	13
				Hass als Band und als Gefühl	1	
				Hass Band	1	
				Haß (die Band) billig	1	
				Haß nicht die Gruppe	1	
Musik	9	Music	2	Musik naklar	1	13
		Musikmachen	1			
Chaos	6	Chaostage	1	Chaos Tage	4	12
		Chaoten	1			
Faschismus	5	Faschos	1	faschistische Tapesshows	1	12
		Faschisten	1	ewig gestrige Faschos	1	
		Fascho	1	Fascho Pack	1	
		Faschoalarm	1			
Freiheit	12					12
Geld	8			Geld, obwohl man's braucht	1	12
				Geld, weil es böse macht	1	
				Geldgier vieler Bands	1	
				geldgierige Leute	1	
Techno	9	Tekkno	1	Tekkno Arsch	1	12
		Tekno	1			

Grundwort	n	Varianten	n	Ausdrücke	n	insg.
Scheiße	6			Scheisse fluchen allg. Scheiße fragen (bsp toxic walls muff potter) Scheiße in allen Variationen Scheiße labern Scheiße labern oder Scheiße schreiben Scheiße weil man ohne sie bald Kieselsteine essen müßte	1 1 1 1 1 1	12
Alkohol	6	Alkoholoka Alkoholsteuer Alkoholtest Alk	1 1 1 1	Alcoholica allg.	1	11
CDU	4	CSU	3	CDU CSU CDU CSU REP SPD Grüne PDS ÖDP CDU SPD PDS Schmarotzer der Revolution	2 1 1	11
Arschloch	4	Arschlöcher Asshole *Arschpikel*	2 2 1	Arschloch der Scheißhauseffekt Arschlöcher Snobs	1 1	11
Kirche	6	Papst	2	Kirche, Papst Kirchen und Sekten Papst, Kirche	1 1 1	11
Konzerte	10	Konzert	1			11
Krieg	10			Krieg (weil er tötet)	1	11
Ehrlichkeit	8	ehrlich	1	Ehrlichkeit, aber zu den richtigen	1	10
Hardcore	6	HC	2	HC Concert Hardcore Hiphop Szene	1 1	10
Sonne	7	Sonnenschein Sonnenstudio Sonnenuntergang	1 1 1			10
Toleranz	9			Toleranz gegen andere und anderes	1	10
Spießer	7	Spießbürgertum	2			9
straight edge	5	straightedge xxx	1 1	straight edge (solange sichs im Rahmen hält) straight edge xxx	1 1	9
Anarchie	5	Anarchy Anarchismus	2 1			8
Oi!	4	1 oi 1 oi!oi!oi! 1 oi !!	1 1 1	Oi + Ska	1	8
Leben	6			Leben lassen Leben, weil doch der größte Teil mit Leib und Seele dran hängt	1 1	8
Party	3	Parties Partys	3 1	Party, Konzert	1	8
Fußball	8					8
geil	8					8
Intoleranz	7					7
Hippie	4	Hippies	2	Hippie Hippiescheiße	1	7
MTV	4			MTV VIVA	3	7
OX	6			OX Compilation	1	7

Grundwort	n	Varianten	n	Ausdrücke	n	insg.
Urlaub	6			Urlaub in Hotels	1	7
Schule	4	Schulen	1	Schule auch wenn es peinlich ist Schule reine Schikane	1 1	
Vegetarismus	2	Vegan Veganer Veganismus Vegetarier	1 1 1 1	Veganer drogenfreier Widerstand	1	7
Helmut Kohl	3	Kohl	2	Kanther, Stoiber, Kohl, Schäuble	1	6
Plastic Bomb	5			Plastic Bomb Records	1	6
Religion	5			Religion, Machtinstrument der Herrschaft	1	6
Sexismus	6					6
Antifa	3	Antifaschismus	2			5
Demokratie	3			Demokratie, wirkliche demokratischer Rechtsstaat auf unser Land bezogen, weil es keiner ist, sondern eine Wirtschaftsbonzenmafia	1 1	5
Kult	2	kultig Kultur	2 1			5
Mc Donalds	2	Mc Donald	2	Mc Donalds Pommes	1	5
Gewalt	5					5
Glück	5					5
Kommerz	5					5
Pogo	5					5
Rassismus	5					5

Die gruppierten Wörter zeigen nun andere Häufigkeitsverhältnisse. Stellt man beide Listen gegenüber, ergibt sich das folgende Bild:

nicht gruppiert	gruppiert	nicht gruppiert	gruppiert	nicht gruppiert	gruppiert
Liebe	Punk	Nazis	Alkohol	Glück	MTV
Politiker	Freundschaft	Freunde	CDU	Haß	OX
Sex	Drogen	Intoleranz	Arschloch	Kommerz	Urlaub
Freiheit	Bier	Polizei	Kirche	Plastic Bomb	Schule
Punkrock	Bullen	Sonne	Konzerte	Pogo	Vegetarismus
Techno	Nazis	Spießer	Krieg	Rassismus	Helmut Kohl
Spaß	Politiker	Alkohol	Ehrlichkeit	Religion	Plastic Bomb
Bier	Liebe	Arbeit	Hardcore	straight edge	Religion
Konzerte	Sex	Chaos	Sonne		Sexismus
Krieg	Arbeit	Hardcore	Toleranz		Antifa
Punk	Spaß	Kirche	Spießer		Demokratie
Drogen	Deutschland	Leben	straight edge		Kult
Musik	Hass	OX	Anarchie		Mc Donalds
Toleranz	Musik	Scheiße	Oi!		Gewalt
Bullen	Chaos	Sexismus	Leben		Glück
Ehrlichkeit	Faschismus	Urlaub	Party		Kommerz
Freundschaft	Freiheit	Anarchie	Fußball		Pogo
Fußball	Geld	Deutschland	geil		Rassismus
geil	Techno	Faschismus	Intoleranz		
Geld	Scheiße	Gewalt	Hippie		

Allgemein gesehen zeigt die Tabelle der gruppierten Wörter, daß etwa drei Wortklassen zu unterscheiden sind (dabei muß berücksichtigt werden, daß die auftretenden Synonyme oder Varianten auch von einer Vpn genannt worden sein konnten):

a) Es treten Wörter auf, die relativ viele Varianten und/oder Ausdrücke aufweisen, d.h. Wörter, die in der Subkultur deutlich ausdifferenziert sind und offensichtlich einen wesentlichen semantischen Bereich betreffen; hierzu gehören: Punk, Freundschaft, Drogen, Bier, Nazis, Scheiße, Arbeit, CDU, Haß/Hass, Arschloch, Deutschland.

b) Es erscheinen Wörter, die keine oder kaum Varianten aufweisen, d.h. Wörter, die vermutlich entweder keine große Bedeutung für die Subkultur haben oder aber in ihrer Semantisierung klar und eindeutig ausgelegt sind, so daß sie als eine Art Schlagwörter aufzufassen sind, hierzu gehören: Politiker, Liebe, Sex, Spaß, Musik, Chaos, Freiheit, Techno, Konzerte, Krieg, Ehrlichkeit. Man beachte, daß hier relativ viele Wörter auftreten, die auch in der einzelkulturellen Umfrage zu finden waren.

c) Als dritte Gruppe sind Wörter zu sehen, bei denen die Anzahl der Varianten bzw. Ausdrücke der Häufigkeit des Grundwortes in etwa entspricht (wie z.B. Faschismus, Alkohol, Kirche), die Wörter weisen zwar ebenfalls Varianten auf, nur wird die Grundwortform häufiger bzw. gleichhäufig genannt.

Interessant ist auch das häufigste Wort der gruppierten Nennungen (Punk). Es ist zu beobachten, daß sich die Subkultur hauptsächlich sozusagen durch sich selbst definiert, die genannten Synonyme präzisieren und erweitern das semantische Feld von ›Punk‹, dies geschieht jedoch innerhalb des subkulturellen Rahmens selbst. Die Abgrenzung der Subkultur geschieht dagegen mit Hilfe der semantischen Felder von ›Bullen‹, ›Nazis‹ und ›Politiker‹.

4.3. Die Nennhäufigkeit bei den Studenten

Zum Vergleich sollen nun die Ergebnisse des ersten Schrittes der studentischen Umfrage präsentiert werden. Ähnlich wie oben werden die sich mindestens fünf mal wiederholenden Wörter (allerdings absolut) angegeben.

Tabelle 10, Die Nennhäufigkeit bei den Studenten (absolut, n ≥ 5)

Wort	allg.	pos.	neg.	Wort	allg.	pos.	neg.	Wort	allg.	pos.	neg.
Liebe	34	34	0	toll	10	9	1	Semesterferien	6	6	0
Sonne	30	30	0	Geld	9	8	1	Tiere	6	6	0
Krankheit	25	0	25	Erfolg	9	9	0	Toleranz	6	6	0
Streß	23	1	22	Frieden	9	9	0	Verständnis	6	5	0
Urlaub	23	23	0	Kälte	9	0	9	Zufriedenheit	6	6	0
Krieg	22	0	22	gut	9	9	0	Zwang	6	0	6
Freunde	21	21	0	Hoffnung	9	9	0	Umweltverschmutzung	5	0	5
Spaß	21	21	0	Wärme	9	9	0	Angst	5	0	5
Freundschaft	20	20	0	schön	8	8	0	arbeiten	5	1	4
Freiheit	17	17	0	geil	8	8	0	Arbeitslosigkeit	5	0	5
Gesundheit	16	16	0	Lernen	8	2	6	Ärger	5	0	5
Sommer	15	15	0	Rassismus	8	0	8	Enge	5	0	5
Sport	14	14	0	Trauer	8	0	8	feiern	5	5	0
Scheiße	14	0	14	Vertrauen	8	8	0	Fernsehen	5	3	2
Familie	14	13	1	schlecht	7	0	7	Frauen	5	5	0
Musik	14	14	0	Arroganz	7	0	7	Gemeinschaft	5	5	0
Glück	13	13	0	Reisen	7	7	0	Intoleranz	5	0	5
Ferien	13	13	0	Einsamkeit	7	0	7	Kino	5	5	0

Wort	allg.	pos.	neg.	Wort	allg.	pos.	neg.	Wort	allg.	pos.	neg.
Lachen	13	13	0	Schlafen	7	7	0	Langeweile	5	0	5
Haß	12	0	12	super	6	6	0	Licht	5	5	0
Armut	12	0	12	Studiengebühren	6	0	6	nett	5	4	1
Freizeit	12	12	0	Neid	6	0	6	Ruhe	5	5	0
Freude	12	12	0	Party	6	6	0	Sicherheit	5	5	0
Meer	12	12	0	Regen	6	0	6	Strand	5	5	0
Natur	12	12	0	Ehrlichkeit	5	5	0	Streit	5	1	4
Tod	12	0	12	Asta	6	2	4	Unfall	5	0	5
Sex	11	11	0	Essen	6	6	0	Ungerechtigkeit	5	0	5
Klausuren	10	0	10	Klasse	6	6	0	Zukunft	5	2	3
Schnee	10	9	1	Mist	6	0	6				

Es zeigt sich, daß unter den häufigen Nennungen nur relativ wenige Wörter auftreten, die das Studium oder den universitären Betrieb direkt betreffen (Klausuren, Lernen, Studiengebühren, Asta, Semesterferien), was die oben (in 4.1.) geäußerte Vermutung, daß die Studenten überwiegend fachspezifisch antworten, widerlegt. Ebenso auffällig ist das Fehlen solcher semantischen Felder oder Bereiche wie ›Politik‹, ›Polizei‹, ›Drogen/Alkohol‹ oder allgemein das Feld der Ideologie. Es tauchen darüber hinaus keine Personen auf, viele Wörter sind gefühlsbezogen, eine gewisse Ichbezogenheit ist zu beobachten, es werden hauptsächlich Dinge genannt, die einen selbst betreffen. Daneben können relativ viele Oppositionen festgestellt werden (z.B.: Liebe – Haß, Sonne – Regen, Urlaub – Arbeit, Krieg – Frieden, Spaß – Streß, Gesundheit – Krankheit, Freundschaft – Einsamkeit, Toleranz – Rassismus). Unter den mindestens fünf mal genannten Wörtern treten nur wenig negative, dagegen relativ viele positive Wörter auf. Im positiven Bereich spiegelt sich darüber hinaus ein starker Konsens wider. Die Liste zeigt ein heterogenes Bild, die Nennungen sind sehr abstrakt und allgemein gehalten. Dies spricht keineswegs für das Vorhandensein einer Subkultur und also eines Diskurses, anders als im Fall der Punks, wo sich ein eindeutiges Bild und eine homogene Weltauffassung in den Ergebnissen finden läßt.

4.3.1. Die gruppierte Nennhäufigkeit bei den Studenten

Ähnlich wie bei den Punks werden nun auch die Nennungen der Studenten in drei Gruppen eingeteilt. Da die Daten nur zu Vergleichszwecken dienen, brauchen sie hier nicht weiter besprochen werden. Man beachte, daß bei den Studenten im Vergleich mit den Punks kaum bzw. nur sehr wenige Varianten oder Ausdrücke auftreten.

Tabelle 11, Die gruppierten Nennungen der Studenten (n 5)

Grundwort	n	Variante	n	Ausdrücke	n	insg.
Liebe	34	lieben	1			35
Sonne	30			Sonne, Licht	1	31
Streß	23	Stress streßlos	4 1			28
Kankheit	25			krank sein	1	26
Freunde	21	Freund Freundin Freundinnen	1 1 1	Freund/Freundin	1	25
Urlaub	23					23
Krieg	22					22
Spaß	21	spaßig	1			22

Grundwort	n	Variante	n	Ausdrücke	n	insg.
Freiheit	17	Bildungsfreiheit Wahlfreiheit	1 1	persönliche Freiheit	1	20
Freundschaft	20					20
Gesundheit	16	gesund	1			17
Glück	13	glücklich	3			16
Haß	12	Hass	4			16
Sport	14	sportlich	1	Sport treiben	1	16
Scheiße	14	Scheiß	1			15
schlecht	7			schlechtes Wetter schlechte Laune schlechte Note schlechte Noten schlechte Organisation schlechtes Essen schlechtes Gewissen	2 1 1 1 1 1 1	15
Sommer	15					15
Familie	14					14
Musik	14					14
Geld	9	Geldmangel Geldsucht	1 1	Geld keins viel Geld	2 1	14
Klausuren	10	Klausur	3			13
Sex	11	sexy	1	Sex haben	1	13
Ferien	13					13
Lachen	13					13
Erfolg	9	Erfolglosigkeit Erfolgsdruck	1 1	erfolgreich sein	1	12
schön	8	Schönheit schöne	3 1			12
Armut	12					12
Freizeit	12					12
Freude	12					12
Meer	12					12
Natur	12					12
Tod	12					12
Frieden	9	Friede	1			10
Kälte	9	kalt	1			10
Schnee	10					10
toll	10					10
geil	8	Geilheit	1			9
Lernen	8			Lernen mit Freunden	1	9
gut	9					9
Hoffnung	9					9
super	6			super (toll) super gut super toll	1 1 1	9
Wärme	9					9
Arroganz	7	Arroganzlinge	1			8
Cafete	4	Cafe Cafetenfood Cafeteria	1 1 1	Cafe Ferdinand	1	8
Reisen	7	Reise	1			8
Studiengebühren	6	Studiengebühr	2			8
Umweltverschmutzung	5	Umweltzerstörung	3			8
Rassismus	8					8

Grundwort	n	Variante	n	Ausdrücke	n	insg.
Trauer	8					8
Vertrauen	8					8
blöd	3	Blödheit Blödmann Blödsinn	1 1 1	blöde Kuh	1	7
Neid	6	neidisch	1			7
Party	6	Partys	1			7
Regen	6	Regenwetter	1			7
Einsamkeit	7					7
Schlafen	7					7
Ehrlichkeit	5	ehrlich	1			6
Asta	6					6
Essen	6					6
Klasse	6					6
Mist	6					6
Semesterferien	6					6
Tiere	6					6
Toleranz	6					6
Verständnis	6					6
Zufriedenheit	6					6
Zwang	6					6
Bücher	4	Buch	1			5
freundlich	3	Freundlichkeit	2			5
Kreativität	4	kreativ	1			5
Angst	5					5
arbeiten	5					5
Arbeitslosigkeit	5					5
Ärger	5					5
Enge	5					5
feiern	5					5
Fernsehen	5					5
Frauen	5					5
Gemeinschaft	5					5
Intoleranz	5					5
Kino	5					5
Langeweile	5					5
Licht	5					5
nett	5					5
Ruhe	5					5
Sicherheit	5					5
Strand	5					5
Streit	5					5
Unfall	5					5
Ungerechtigkeit	5					5
Zukunft	5					5

4.4. Der Vergleich zwischen Punks, Studenten und Einzelkultur

Im folgenden sollen nun die Daten der beiden Umfragen miteinander wie auch – sofern Entsprechungen vorhanden – mit den Daten der allgemein-deutschen Umfrage (siehe Fleischer 1996) verglichen werden. Die Tabelle (12) zeigt die absolute und Tabelle (13) die prozentuale (zur Anzahl der Vpn) Nennhäufigkeit in den drei Gruppen. Hierbei gilt: ›0‹ bedeutet, daß von den Vpn keine Angaben gemacht worden, und ›-‹ bedeutet, daß kein Vergleich möglich ist, da entsprechende Angaben (aus den anderen Umfragen) nicht vorhanden sind.

Tabelle 12, Die Nennhäufigkeit bei Punks, Studenten und im einzelkulturellen Diskurs (absolut)

Diskurs	Punks			Studenten			Einzelkultur		
Wort	allg.	pos.	neg.	allg.	pos.	neg.	allg.	pos.	neg.
Liebe	18	18	0	34	34	0	65	64	1
Politiker	17	0	17	2	0	2	22	0	22
Sex	16	15	1	11	11	0	6	4	2
Freiheit	12	11	1	17	17	0	46	46	0
Punkrock	12	12	0	-	-	-	-	-	-
Techno	12	0	12	2	0	2	-	-	-
Spaß	11	11	0	21	21	-	7	7	0
Bier	10	9	1	1	1	0	7	7	0
Konzerte	10	10	0	-	-	-	2	2	0
Krieg	10	0	10	22	0	22	73	0	73
Punk	10	8	2	-	-	-	1	1	0
Drogen	9	2	7	4	2	2	8	0	8
Musik	9	9	0	14	14	0	12	12	0
Toleranz	9	8	1	6	6	0	28	28	0
Bullen	8	0	8	-	-	-	1	0	1
Ehrlichkeit	8	8	0	5	5	0	22	22	0
Freundschaft	8	8	0	20	20	0	24	24	0
Fußball	8	7	1	1	1	0	11	11	0
geil	8	7	1	8	8	0	1	1	0
Geld	8	5	3	9	8	1	56	50	6
Nazis	8	0	8	1	0	1	3	0	3
Freunde	7	7	0	21	21	0	17	17	0
Intoleranz	7	0	7	5	0	5	13	0	13
Polizei	7	0	7	-	-	-	8	1	7
Sonne	7	7	0	30	30	0	14	14	0
Spießer	7	0	7	-	-	-	-	-	-
Alkohol	6	4	2	1	0	1	8	0	8
Arbeit	6	1	5	3	0	3	44	42	2
Chaos	6	5	1	2	0	2	7	1	6
Hardcore	6	6	0	-	-	-	-	-	-
Kirche	6	0	6	1	0	1	18	7	11
Leben	6	6	0	4	4	0	15	15	0
OX	6	5	1	-	-	-	-	-	-
Scheiße	6	1	5	14	0	14	5	0	5
Sexismus	6	0	6	2	0	2	3	0	3
Urlaub	6	6	0	23	23	0	61	61	0
Anarchie	5	5	0	-	-	-	1	0	3
Deutschland	5	1	4	-	-	-	4	3	1
Faschismus	5	0	5	2	0	2	9	0	9
Gewalt	5	0	5	4	0	4	23	0	23
Glück	5	5	0	13	13	0	23	23	0
Haß	5	0	5	12	0	12	38	0	38
Kommerz	5	0	5	-	-	-	-	-	-
Plastic Bomb	5	4	1	-	-	-	-	-	-
Pogo	5	5	0	-	-	-	-	-	-
Rassismus	5	0	5	8	0	8	16	0	16
Religion	5	1	4	1	0	1	1	0	1
straight edge	5	2	3	-	-	-	-	-	-

Tabelle 13, Die Nennhäufigkeit bei Punks, Studenten und im einzelkulturellen Diskurs (%)

Diskurs	Punks			Studenten			Einzelkultur		
Wort	allg.	pos.	neg.	allg.	pos.	neg.	allg	pos.	neg.
Liebe	23,68	23,68	0	38,64	38,64	0	35,52	34,97	0,55
Politiker	22,37	0	22,37	2,27	0	2,27	12,02	0	12,02
Sex	21,05	19,74	1,32	12,50	12,50	0	3,28	2,19	1,09
Freiheit	15,79	14,47	1,32	19,32	19,32	0	25,14	25,14	0
Punkrock	15,79	15,79	0	-	-	-	-	-	-
Techno	15,79	0	15,79	2,27	0	2,27	-	-	-
Spaß	14,47	14,47	0	23,86	23,86	0	3,83	3,83	0
Bier	13,16	11,84	1,32	1,14	1,14	0	3,83	3,83	0
Konzerte	13,16	13,16	0	-	-	-	1,09	1,09	0
Krieg	13,16	0	13,16	25,00	0	25,00	39,89	0	39,89
Punk	13,16	10,53	2,63	-	-	-	0,55	0,55	0
Drogen	11,84	2,63	9,21	4,55	2,27	2,27	4,37	0	4,37
Musik	11,84	11,84	0	15,91	15,91	0	6,56	6,56	0
Toleranz	11,84	10,53	1,32	6,82	6,82	0	15,30	15,30	0
Bullen	10,53	0	10,53	-	-	-	0,55	0	0,55
Ehrlichkeit	10,53	10,53	0	5,68	5,68	0	12,02	12,02	0
Freundschaft	10,53	10,53	0	22,73	22,73	0	13,11	13,11	0
Fußball	10,53	9,21	1,32	1,14	1,14	0	6,01	6,01	0
geil	10,53	9,21	1,32	9,09	9,09	0	0,55	0,55	0
Geld	10,53	6,58	3,95	10,23	9,09	1,14	30,60	27,32	3,28
Nazis	10,53	0	10,53	1,14	0	1,14	1,64	0	1,64
Freunde	9,21	9,21	0	23,86	23,86	0	9,29	9,29	0
Intoleranz	9,21	0	9,21	5,68	0	5,68	7,10	0	7,10
Polizei	9,21	0	9,21	-	-	-	4,37	0,55	3,83
Sonne	9,21	9,21	0	34,09	34,09	0	7,65	7,65	0
Spießer	9,21	0	9,21	-	-	-	-	-	-
Alkohol	7,89	5,26	2,63	1,14	0	1,14	4,37	0	4,37
Arbeit	7,89	1,32	6,58	3,41	0	3,41	24,04	22,95	1,09
Chaos	7,89	6,58	1,32	2,27	0	2,27	3,83	0,55	3,28
Hardcore	7,89	7,89	0	-	-	-	-	-	-
Kirche	7,89	0	7,89	1,14	0	1,14	9,84	3,83	6,01
Leben	7,89	7,89	0	4,55	4,55	0	8,20	8,20	0
OX	7,89	6,58	1,32	-	-	-	-	-	-
Scheiße	7,89	1,32	6,58	15,91	0	15,91	2,73	0	2,73
Sexismus	7,89	0	7,89	2,27	0	2,27	1,64	0	1,64
Urlaub	7,89	7,89	0	26,14	26,14	0	33,33	33,33	0
Anarchie	6,58	6,58	0	-	-	-	0,55	0	1,64
Deutschland	6,58	1,32	5,26	-	-	-	2,19	1,64	0,55
Faschismus	6,58	0	6,58	2,27	0	2,27	4,92	0	4,92
Gewalt	6,58	0	6,58	4,55	0	4,55	12,57	0	12,57
Glück	6,58	6,58	0	14,77	14,77	0	12,57	12,57	0
Haß	6,58	0	6,58	13,64	0	13,64	20,77	0	20,77
Kommerz	6,58	0	6,58	-	-	-	-	-	-
Plastic Bomb	6,58	5,26	1,32	-	-	-	-	-	-
Pogo	6,58	6,58	0	-	-	-	-	-	
Rassismus	6,58	0	6,58	9,09	0	9,09	8,74	0	8,74
Religion	6,58	1,32	5,26	1,14	0	1,14	0,55	0	0,55
straight edge	6,58	2,63	3,95	-	-	-	-	-	-

Unter den 48 von den Punks am häufigsten genannten Wörtern gibt es 19 Begriffe, die in der studentischen und allgemein-deutschen Umfrage überhaupt nicht vorkommen, bzw. ihre Nennhäufigkeit liegt unterhalb der 4%-Grenze. Zu den ausschließlich von den Punks genannten Wörtern gehören: ›Punkrock‹, ›Techno‹, ›Bier‹, ›Konzerte‹, ›Punk‹, ›Bullen‹, ›Nazis‹, ›Spießer‹, ›Chaos‹, ›Hardcore‹, ›OX‹, ›Sexismus‹, ›Anarchie‹, ›Deutschland‹, ›Kommerz‹, ›Plastic Bomb‹, ›Pogo‹, ›Religion‹, ›straight edge‹. Diese Wörter beziehen sich in erster Linie auf die eigene Subkultur oder aber sie benennen Phänomene, von denen sich die eigene Subkultur abgrenzt. Die Selbstdefinierungs- und Abgrenzungsfunktion dieser Begriffe, die der Konstitution des subkulturellen *Wir* dienen, kommt bei dem Vergleich der Bewertung der Wörter noch deutlicher zum Vorschein. Die Wörter, die die eigene Subkultur beschreiben, werden ausschließlich bzw. vorwiegend als positive Wörter eingestuft: ›Punk, ›Punkrock‹, ›Konzerte‹, ›Bier‹, ›Hardcore‹, ›Pogo‹, ›OX‹ (Punk-Fanzine) ›Plastic Bomb‹ (Punk-Fanzine). Übereinstimmend werden auch ›Chaos‹ und ›Anarchie‹ als positive Begriffe genannt, bei denen es sich, wie die weitere Analyse der semantischen Profile der Wörter zeigt, um wichtige subkulturelle Symbole handelt. Als übereinstimmend negativ werden dagegen Wörter eingestuft, die der zwischen-subkulturellen Abgrenzung dienen (›Techno‹, ›Kommerz‹) oder die sich auf das gesellschaftliche Feindbild der Punks beziehen: ›Bullen‹, ›Nazis‹, ›Spießer‹, ›Deutschland‹, ›Sexismus‹, ›Religion‹.

›Liebe‹ ist ein Wort, das sowohl bei den Punks als auch bei den Studenten und in der allgemein-deutschen Umfrage am häufigsten genannt und positiv bewertet wird: Es handelt sich hier um ein wichtiges einzelkulturelles Symbol. ›Politiker‹, ein Wort an zweiter Stelle in der Punk-Umfrage, wird in allen drei Erhebungen als ein eindeutig negatives Wort eingestuft, bei den Punks aber bekommt es den höchsten Stellenwert. ›Sex‹, das dritte Wort auf der Häufigkeitsliste, von den Punks übereinstimmend positiv bewertet, kommt auch bei den Studenten relativ häufig vor, taucht dagegen in der allgemein-deutschen Umfrage auffallend selten auf. Zu den Wörtern, die von den Punks und in der allgemein-deutschen Umfrage relativ gleich häufig genannt und ähnlich bewertet werden, gehören u.a. ›Freiheit‹, ›Toleranz‹, ›Ehrlichkeit‹, ›Freunde‹, ›Sonne‹, ›Kirche‹, ›Leben‹. Es ist anzunehmen, daß die Vpn der Punk-Umfrage auch in diesen Fällen auf das Repertoire der einzelkulturellen Symbole zurückgegriffen haben. Im Unterschied zum einzelkulturellen Diskurs bekommt das Wort ›Urlaub‹ bei den Punks keinen hohen Stellenwert. Auch bei dem Wort ›Arbeit‹ fällt ein Unterschied in der Bewertung auf: Im einzelkulturellen Diskurs wird ›Arbeit‹ vorwiegend positiv bewertet (und häufiger genannt), bei den Punks dagegen negativ. Aufschlußreich erscheint auch, daß einige Wörter (in der Tabelle nicht aufgeführt), die in der allgemein-deutschen bzw. studentischen Umfrage eine sehr hohe Nennhäufigkeit aufweisen, für den Punk-Diskurs keine Bedeutung haben. Im einzelkulturellen Diskurs sind es beispielsweise ›Frieden‹ (32%), ›Auto‹ (30%), ›Familie‹ (27%) und bei den Studenten ›Streß‹ (31%).

5. Die Hierarchie der Wörter

Aus dem zweiten Schritt der Erhebung ergab sich für die Punks die folgende Hierarchie der vorgelegten Wörter im Hinblick auf ihre positive und negative Bewertung. Aus Gründen der Durchführbarkeit konnte nur die Hierarchisierung der ersten 36 Wörter geprüft werden, daher beziehen sich die weiteren Aussagen nur auf diese Daten. Das heißt aber nicht, daß die übrigen ermittelten Wörter nicht ebenfalls eine hohe hierarchische Position einnehmen könnten, über diese liegen nur keine Daten vor. Aus diesem Grund wird auch auf verallgemeinernde Aussagen verzichtet, da die übrigen (nicht berücksichtigten) Wörter die Ausprägung der Hierarchie sicher verändern würden. Wörter, die zu Vergleichszwecken hinzugefügt worden sind und dem Punk-Diskurs somit nicht angehören, wurden kursiv gesetzt.

[Bemerkung: Es soll darüber hinaus wiederholt auf die geringe Anzahl der Vpn hingewiesen werden. Es handelt sich daher um relativ instabile Ergebnisse. Diesen Umstand muß man bei der Rezeption der Ergebnisse immer vor Augen haben. Wir haben hier lediglich mit einer ersten Annäherung an das Phänomen ›subkulturelles Symbol‹ zu tun, es können Hypothesen gebildet und erste vorsichtige Schlüsse gezogen werden, die Daten sollten jedoch keineswegs als endgültig gelten.]

5.1. Die Hierarchie der Wörter bei den Punks

Tabelle (14) zeigt die jeweilige Hierarchie dem Rang nach geordnet. Die Werte in der Tabelle stellen Durchschnitte der Bewertungen dar, d.h. daß z.B. das Wort ›Freiheit‹ von allen Vpn durchschnittlich mit +95 bewertet wird.

Tabelle 14, Die Hierarchie der Wörter bei den Punks

Wort	Wert	Wort	Wert	Wort	Wert	Wort	Wert
Freiheit	+95	Sex	+76	Fuck	+38	Haß	-12
Musik	+92	Ehrlichkeit	+73	Hardcore	+33	Deutschland	-42
Freunde	+90	*Toleranz*	+73	*Familie*	+28	*Sexismus*	-46
Freundschaft	+90	Party	+72	Oi!	+18	Bullen	-54
Antifaschismus	+89	*Leben*	+57	Geld	+16	Politiker	-64
Spaß	+87	*Bier*	+56	*Demokratie*	+8	Kommerz	-70
Frieden	+84	Sonne	+52	Drogen	-4	Kirche	-72
Liebe	+81	*Ausländer*	+48	Arbeit	-10	*Krieg*	-86
Punk	+81	Anarchie	+47	straight edge	-10	Nazis	-91

Auf den ersten Blick fällt auf, daß relativ viele Wörter positiv bewertet wurden (was teilweise auch auf die vorgelegte Auswahl zurückgeht), es sind 24 Wörter im Gegensatz zu 12 negativen Wörtern. Dabei sieht man auch, daß die interne Gliederung der Hierarchie nicht symmetrisch ausfällt. Im positiven Teil werden mehr Wörter im Bereich +100 bis +50 als im Bereich +50 bis 0 genannt. Überraschend ist die relativ niedrige Position von ›Demokratie‹ (nur +8). Hierbei handelt es sich um ein Wort, das hinzugefügt wurde und also für die Punk-Subkultur keine Bedeutung zu haben scheint. Es wurde nur 3mal genannt. Bezeichnend ist ebenfalls die sehr negative Position von ›Kirche‹ (-72) und ›Deutschland‹ (-42). Aufschlußreich sind die Daten, wenn man sie der studentischen und der einzelkulturellen Hierarchie gegenüberstellt.
Aufschlußreich sind auch die in der Hierarchie vorkommenden drei Oppositionen, sie sind nämlich in zwei Fällen asymmetrisch: ›Liebe‹ wird mit +81 und ›Haß‹ mit -12; ›Anarchie‹ mit +47 und ›Demokratie‹ mit +8 bewertet. Im Fall von ›Antifaschismus‹ und ›Nazis‹ ist dagegen eine symmetrische Entsprechung zu beobachten (+89 zu -91). Auch hier sieht man also eine deutliche Abweichung von der lexikalischen Einstufung einerseits und von der einzelkulturellen Einstellung andererseits, was wiederum für eine vom einzelkulturellen Diskurs abweichende Hierarchisierung und also für einen eigenständigen Diskurs spricht.

5.2. Die Hierarchie der Wörter bei den Studenten

Die Ausprägung der studentischen Hierarchie zeigt die Tabelle (15). Im nächsten Kapitel werden die Daten den übrigen gegenübergestellt und besprochen.

Tabelle 15. Die Hierarchie der Wörter bei den Studenten

Wort	Allg.	Frau	Mann	Wort	Allg.	Frau	Mann
Freundschaft	+96	+97	+94	Geld	+53	+53	+51
Freunde	+93	+96	+89	Sicherheit	+50	+54	+44
Freiheit	+90	+92	+86	Arbeit	+41	+43	+38
Liebe	+89	+94	+84	AntiFa	+39	+43	+32
Frieden	+85	+88	+80	Ausländer	+31	+36	+22
Glück	+83	+92	+70	Haus	+30	+29	+30
Ehrlichkeit	+82	+86	+76	Bier	+27	+19	+35
Natur	+82	+85	+78	Punk	+14	+20	+6
Toleranz	+81	+89	+71	Deutschland	+11	+10	+15
Spaß	+75	+75	+74	Anarchie	-10	-10	-13
Demokratie	+74	+76	+69	Streß	-11	-5	-15
Musik	+73	+78	+66	Kirche	-20	-13	-27
Urlaub	+71	+75	+65	Vaterland	-21	-35	+1
Sex	+66	+61	+72	Politiker	-22	-20	-22
Sonne	+64	+66	+60	Drogen	-35	-31	-42
Erfolg	+63	+61	+66	Haß	-54	-67	-35
Kultur	+59	+66	+48	Armut	-68	-68	-66
Familie	+57	+58	+55	Krieg	-93	-97	-86

Aus der Tabelle geht hervor, daß von insgesamt 36 Wörtern 27 als positiv genannt, während lediglich 9 Wörter als negativ eingestuft wurden. Es zeigt sich hierbei also – mehr noch als bei den Punks – ein deutliches numerisches Mißverhältnis zwischen positiv und negativ bewerteten Wörtern. Ebenso wie bei den Punks fällt die interne Gliederung der Hierarchie nicht symmetrisch aus. Es finden sich im positiven Teil weitaus mehr Wörter im Bereich +100 bis +50 als im Bereich +50 bis 0. Das zahlenmäßige Verhältnis beträgt hier 19:7. Anzumerken ist, daß der Begriff ›Sicherheit‹ genau in der Mitte des positiven Bewertungsspektrums angesiedelt ist (+50) und also an dieser Stelle unberücksichtigt bleibt. Im Hinblick auf die negativen Bewertungen ergibt sich ein ähnliches Bild. Auch dort liegt eine asymmetrische Verteilung vor, da im Bereich 0 bis -50 doppelt so viele Wörter auftreten als im Bereich -50 bis -100 (im Verhältnis 6:3). Als besonders positiv wurden bei den Studenten folgende Begriffe bewertet: ›Freundschaft‹ (96), ›Freunde‹ (93) ›Freiheit‹ (90), ›Liebe‹ (89) und ›Frieden‹ (85). Stark negativ eingestuft ist dagegen lediglich das Wort ›Krieg‹ (-93).

5.3. Gegenüberstellung der Punk-, studentischen und deutschen Hierarchie

Tabelle (16) bietet einen Vergleich der Punk-Hierarchie mit der studentischen wie auch mit der des einzelkulturellen Diskurses. Da für den letztgenannten Diskurs teilweise andere Wörter ermittelt und untersucht wurden, werden hier nur jene Wörter angegeben, die auch bei den beiden Gruppen auftreten (siehe dazu Fleischer 1996). Die Tabelle ermöglicht noch einen zusätzlichen Vergleich, nämlich den der Jugendlichen untereinander. Im Rahmen der einzelkulturellen Untersuchung liegen auch Daten über die Jugendlichen (im Alter von 14 bis 27 Jahre) vor. Da unter den Punks nur 10 Vpn älter als 27 Jahre sind, ist die Spalte ›14-27‹ des einzelkulturellen Diskurses durchaus mit der Spalte ›Allg.‹ bei den Punks vergleichbar. Somit können die Jugendlichen in der Einzelkultur mit den Punk-Jugendlichen wie auch mit den studentischen Jugendlichen verglichen werden und gleichzeitig den Erwachsenen gegenübergestellt werden. Bei den Punks wurde das Wort ›Politik‹, bei der deutschen

Umfrage das Wort ›Politiker‹ abgefragt, insofern sind die Angaben nicht ohne weiteres vergleichbar.

Tabelle 16, Gegenüberstellung der punkschen, studentischen und einzelkulturellen Hierarchie

Gruppe	Punks			Studenten	Einzelkultur		
Wort	Allg.	14-20	21-38	Allg.	Allg.	14-27	≥28
Anarchie	47	51	43	-10			
Antifaschismus	89	90	89	39			
Arbeit	-10	-13	-7	41	52	49	55
Ausländer	48	49	48	31	24	15	33
Bier	56	57	55	27			
Bullen	-54	-63	-46	-			
Demokratie	8	5	10	74	65	58	72
Deutschland	-42	-54	-31	11			
Drogen	-4	0	-8	-35			
Ehrlichkeit	73	76	70	82	81	83	79
Familie	28	26	29	57	65	68	63
Freiheit	95	98	92	90	88	90	86
Freunde	90	94	86	93			
Freundschaft	90	95	86	96	89	94	83
Frieden	84	82	86	85	96	95	96
Fuck	38	45	32	-			
Geld	16	6	24	53	51	55	47
Hardcore	33	29	37	-			
Haß	-12	-12	-13	-54	-70	-65	-75
Kirche	-72	-68	-75	-20	-12	-21	-3
Kommerz	-70	-79	-61	-			
Krieg	-86	-86	-85	-93	-92	-92	-92
Leben	57	61	53	-			
Liebe	81	84	78	89	87	87	87
Musik	92	96	88	73			
Nazis	-91	-94	-87	-			
Oi!	18	28	8	-			
Party	72	82	62	-			
Politiker	-64	-70	-59	-22	3	3	3
Punk	81	92	69	14			
Sex	76	74	78	66			
Sexismus	-46	-50	-41	-			
Sonne	52	47	56	64			
Spaß	87	90	83	75			
straight edge	-10	-5	-15	-			
Toleranz	73	74	71	81	72	62	82

Die Gegenüberstellung zeigt relativ deutliche Unterschiede in der Hierarchisierung bestimmter, und d.h. diskursspezifischer Wörter. Annähernd gleich werden interessanterweise Wörter bewertet, die aus dem einzelkulturellen Diskurs stammen und allgemeinkulturelle Werte oder Normen repräsentieren, z.B. ›Ehrlichkeit‹ (entsprechend Punks/Deutschland: +73 zu +81), ›Freiheit‹ (+95 zu +88), ›Freundschaft‹ (+90 zu +89), ›Frieden‹ (+84 zu +96), ›Krieg‹ (-86 zu -92), ›Liebe‹ (+81 zu +87), ›Toleranz‹ (+73 zu +72). Es handelt sich hier also um Wörter, die in beiden Diskursen annähernd gleich benutzt werden können und für den integrativen Teil der Diskurse stehen. Etwas anderes ist dabei, ob diese Wörter auch die

gleiche Semantisierung aufweisen, d.h. ob sie in beiden Diskursen auch das gleiche bedeuten; dies wird später zu prüfen sein.
Unter den abweichenden Wörtern finden sich drei, die eine entgegengesetzte Bewertung aufweisen, nämlich ›Arbeit‹ (-10 bei den Punks und +52 im einzelkulturellen Diskurs, und zwar unabhängig vom Alter), ›Politiker/Politik‹ (entsprechend -64 zu +3) und ›Deutschland‹ (-42 bei den Punks und +11 bei den Studenten). Die übrigen sechs Wörter zeigen ebenfalls starke Abweichungen, sie erfahren jedoch keinen Wechsel zwischen positiver und negativer Bewertung mehr. ›Ausländer‹ werden von den Punks, und zwar von beiden Altersgruppen gleichermaßen, positiver eingestuft als dies im einzelkulturellen Diskurs der Fall ist (+48 zu +24), wobei die Jugendlichen das Wort noch weniger positiv (+15) einschätzen als die Älteren (+33). Auch die studentischen Vpn stufen ›Ausländer‹ mit +31 negativer ein als die Punks. ›Demokratie‹, ein Wort, das von den Punks selbst nicht genannt wurde, wird im einzelkulturellen Diskurs (altersabhängig) sehr hoch im positiven Bereich plaziert (+65), die Punks bewerten es deutlich im neutralen Null-Bereich (nur +8). Es ist also kein Wort, das in diesem Diskurs eine bedeutende Rolle erfüllt, es scheint eine Art diskurshaftes Fremdwort zu sein. Es wird allerdings weder stark positiv noch deutlich negativ eingestuft, sondern eben als neutrales, unbedeutendes Wort angesehen (siehe dazu die Semantisierung des Wortes unten, die diese Diagnose bestätigt).
Während im einzelkulturellen Diskurs ›Familie‹ mit +63 und bei den Studenten mit +57 bewertet wurde, tritt das Wort bei den Punks mit nur +28 auf – eine Abweichung von 37 Punkten. Da dies ein Wort ist, das von den Punks selbst nicht genannt wurde, besitzt es vermutlich auch keine große Bedeutung für den Diskurs. Relativ ähnlich verhält es sich bei ›Geld‹. Im einzelkulturellen Diskurs wird es altersunabhängig mit durchschnittlich +65 bewertet. Unter den Punks wird es allgemein mit +16 gewertet, dabei sieht man jedoch, daß die jüngeren Vpn (bis 20) das Wort erheblich niedriger einstufen als die älteren (+24). Ein entgegengesetztes Verhältnis ist bei den beiden letzten abweichenden Wörtern zu beobachten. ›Haß‹ wird im einzelkulturellen Diskurs (altersabhängig) stark negativ bewertet (-70), von den Punks dagegen relativ schwach negativ (-12). ›Kirche‹ wiederum wird von den Punks (mit dem Alter ansteigend) sehr stark negativ (-72) und im einzelkulturellen Diskurs eher schwach negativ (-12) bewertet, hier läßt die negative Bewertung mit dem Alter nach. Interessant ist auch der Fall von ›Anarchie‹. Das Wort wird von den Punks überaus positiv gewertet (+47), von den Studenten dagegen eher negativ (-10). All diese Befunde sprechen eindeutig für das Vorhandensein einer ausgeprägten Subkultur.

Die Tabelle (16) verdeutlicht, daß die von den Studenten vorgenommenen Bewertungen nicht markant von den allgemeindeutschen abweichen. Lediglich die Einstufung des Wortes ›Politiker‹ stellt eine Ausnahme dar. Während sich für die allgemeindeutsche Befragung ein schwach positiver Wert (+3) ergab, bewerteten die Studenten den betreffenden Begriff mit -22 als deutlich negativ. Es kann daher angenommen werden, daß es sich hierbei um keine eigene diskursive Einschätzung handelt, sondern aus dem einzelkulturellen Diskurs heraus geantwortet wurde. Aus Vergleichsgründen wurden den studentischen Vpn Wörter zur Bewertung vorgelegt, die nicht in der allgemeindeutschen, wohl aber in der punkschen Umfrage vorkamen. Wie aus der Tabelle ersichtlich ist, ergaben sich bei der Beurteilung dieser Wörter erhebliche Differenzen. Feststellbar sind sie sowohl innerhalb des positiven bzw. negativen Bereichs als auch bei der Einschätzung als grundsätzlich positiv oder negativ. So wurde beispielsweise dem Wort ›Anarchie‹ von den punkschen Respondenten im Durchschnitt der Wert +47 zugewiesen, während die studentischen Vpn ihn mit -10 als schwach negativ eingestuft haben. In gleicher Weise sind Abweichungen bei dem Wort ›Arbeit‹ evident. Bei den Punks wurde es als negativ bewertet (-10), bei den Studenten ergab sich ein klar positiver Durchschnittswert von +41. Ebenfalls markant ist das Wort ›Deutschland‹, das von den punkschen Vpn deutlich negativ (-42) beurteilt und von den Studenten mit dem positiven Wert +11 belegt wurde. Andere Wörter weisen hingegen starke Divergenzen innerhalb eines Bereiches auf. Im positiven Spektrum sind folgende zu nennen: ›Bier‹ (+56 bei den Punks, +27 bei den Studenten) und ›Antifaschismus‹ (Punks +89 und Studenten +39).

Für den negativen Bereich ist besonders der Begriff ›Drogen‹ (Punks -4 und Studenten -35) auffällig.

5.4. Die Differenzierungskraft der Punks

Abschließend sollen einige Tabellen präsentiert werden, die die Differenzierungskraft bzw. -potenz der Vpn zeigen. Bis jetzt wurde bei der Auswertung mit Durchschnitten gearbeitet. Das ist zwar ein probates Mittel, um die Verhältnisse zu verdeutlichen, es zeigt jedoch nicht das tatsächliche Antwortverhalten der Vpn. So gehen dabei z.B. Wörter verloren, die eine polarisierende Bewertung erfahren, d.h. solche, die gleichzeitig stark positiv und stark negativ bewertet werden. Auch um Aufschluß über diese Eigenschaft zu erhalten, ist die breite Bewertungsskala gewählt worden. Die Frage lautet jetzt, wie stark differenzieren die Vpn, wenn man ihnen (vermutete) subkulturelle Symbole vorlegt. Es wäre zu Vergleichszwecken allerdings notwendig, die Differenzierung bei nicht-subkulturellsymbolischen Wörtern zu prüfen, um herauszufinden, welche Abweichungen hier auftreten.
Es fällt auf, wie es auch zu erwarten war und wie es in derartigen Umfragen üblich ist, daß die meisten Vpn die Skala abkürzen, d.h. auf – in diesem Fall – fünf Werte reduzieren (+100, +50, 0, -50 und -100). Es ist die Neigung zu beobachten, eine Erscheinung nach dem Muster ›gefällt/gefällt nicht‹ in ein dreigliedriges Merkmalsraster mit den Ausprägungen ›sehr‹, ›mittel‹, ›keine Meinung‹ einzuordnen. Dies wäre, wie gesagt, nichts besonderes und eher zu erwarten. Wichtig ist aber etwas anderes, und zwar die unterschiedliche Behandlung des positiven und des negativen Bereichs durch die Vpn. Man sieht, daß innerhalb des positiven Bereichs deutlich stärker differenziert wird als innerhalb des negativen (daß die negativen Werte allgemein seltener auftreten, geht selbstverständlich darauf zurück, daß weniger negative als positive Wörter zur Beurteilung vorgelegt worden sind). Dies könnte in bezug auf subkulturelle Symbole heißen: Im positiven Bereich, d.h. bei Symbolen, die die interne Ausprägung des Diskurses bilden, findet eine deutlich ausgeprägte Differenzierung statt, da es sich hier um Symbole handelt, die ›uns verbinden‹, die ›uns allen eigen sind‹ usw. Der Konsens des Wir-Bereichs ist gesichert, und daher kann man hier stärker differenzieren; dies hat nur einen geringen Einfluß auf die Beständigkeit des Diskurses. Im negativen Bereich jedoch, der den abzulehnenden Komplex ausmacht und zur Absicherung der eigenen Subkultur gegen störende Außeneinflüsse dient, wird schwächer differenziert. Würde man hier nämlich Differenzierungen anwenden, könnte dies – eine Vermutung – den Diskurs und also die eigene Subkultur ›verwässern‹ und sicherte sie vor den von außen kommenden Störungen nicht mehr so ab, wie es von solchen Systembestandteilen zu erwarten ist. Der negative Bereich dient der Absicherung der Wir-Gruppe gegenüber den ›Anderen‹, und daher darf es in diesem Bereich ›keine Zweifel geben‹. Die Abgrenzungsfunktion läßt keine feinen Differenzierungen zu, wohl aber die Zusammenhangsherstellungs-Funktion, und daher wird im positiven Bereich auch wohl differenziert. Eine Beobachtung, die man in mehreren Subkulturen und auch in bezug auf nicht-subkulturellsymbolisch markierte Wörter prüfen müßte.

Die nachfolgenden Tabellen (17 bis 20) zeigen die Differenzierungskraft der Punk-, studentischen und allgemein-deutschen Vpn im Hinblick auf die hierarchisierten Wörter. Daraus wird ersichtlich, wie oft ein bestimmter Wert der Skala bei der Beurteilung der einzelnen Wörter von den Vpn genannt worden ist. Man kann erfahren, bezüglich welcher Wörter eine ausgeprägte Klarheit herrscht bzw. welche Schwankungen auftreten. Die Tabellen zeigen die durchschnittliche Nennhäufigkeit der einzelnen Werte und sind wie folgt zu lesen: der Wert ›+100‹ wurde im Hinblick auf das Wort ›Anarchie‹ von allen Vpn der Punkgruppe durchschnittlich 18mal genannt (die Werte sind auf ganze Zahlen abgerundet; x = keine Angaben).

Tabelle 17, Die Differenzierungskraft der Punks

Wort / Wert	x	100	90	80	70	60	50	40	30	20	10	0	-10	-20	-30	-40	-50	-60	-70	-80	-90	-100
Anarchie	2	18	4	9	3	6	17	0	5	5	4	8	0	0	1	0	3	0	0	1	0	2
Antifaschismus	3	67	6	3	2	1	3	0	0	2	1	0	0	0	0	0	0	0	0	0	0	0
Arbeit	3	1	0	2	3	3	7	1	6	2	1	24	3	4	3	0	9	2	1	1	1	11
Ausländer	1	17	5	14	4	2	14	2	0	1	2	25	0	0	0	0	0	0	0	0	0	1
Bier	2	37	5	10	2	0	9	2	3	2	1	5	1	0	0	0	2	0	0	2	0	5
Bullen	3	2	0	0	0	0	1	1	1	0	1	8	2	7	2	2	11	2	3	10	3	29
Demokratie	3	9	2	2	2	1	12	2	1	3	3	20	3	5	1	0	8	0	1	4	2	4
Deutschland	2	1	0	0	1	1	2	0	0	2	0	22	2	4	1	2	13	0	3	8	2	22
Drogen	3	2	2	3	2	1	10	1	1	10	7	20	2	2	0	0	4	0	2	0	0	16
Ehrlichkeit	4	45	7	10	0	2	8	0	2	1	1	6	0	0	0	0	0	0	0	0	0	2
Familie	3	9	3	5	2	3	10	3	3	4	13	23	1	1	0	0	3	0	0	1	1	0
Freiheit	2	78	3	2	1	0	1	1	0	0	0	0	0	0	0	0	0	0	0	0	0	0
Freunde	3	64	5	10	2	0	1	1	0	0	0	2	0	0	0	0	0	0	0	0	0	0
Freundschaft	2	69	5	6	1	1	1	0	0	0	0	2	0	0	0	0	1	0	0	0	0	0
Frieden	2	60	4	8	2	0	4	1	2	1	0	3	0	0	1	0	0	0	0	0	0	0
Fuck	9	19	2	12	3	0	6	2	1	0	1	29	1	0	0	0	0	0	0	1	0	2
Geld	2	8	1	2	2	1	14	3	4	3	6	30	1	0	1	0	1	0	1	1	0	7
Hardcore	2	16	4	5	4	2	10	3	7	6	0	12	5	2	0	1	5	1	0	0	0	3
Haß	4	4	2	0	3	1	8	2	0	3	6	22	1	2	1	1	5	1	1	3	1	17
Kirche	2	1	0	0	0	0	1	0	0	1	1	5	1	2	1	1	10	0	5	6	5	46
Kommerz	2	0	0	0	0	0	1	0	0	0	1	9	0	2	2	1	9	2	2	11	6	40
Krieg	2	0	0	0	0	1	0	0	0	0	0	6	0	1	0	0	2	0	0	2	6	68
Leben	2	38	1	7	4	0	8	0	3	5	1	15	1	0	0	0	1	0	0	0	0	2
Liebe	3	56	3	8	3	0	5	2	1	3	1	3	0	0	0	0	0	0	0	0	0	0
Musik	3	66	3	7	2	1	5	0	0	0	0	1	0	0	0	0	0	0	0	0	0	0
Nazis	2	1	0	0	0	0	0	0	0	0	0	3	0	0	0	0	1	1	0	2	0	78
Oi!	3	6	5	1	2	7	15	3	2	7	4	15	1	2	2	0	2	1	0	1	1	8
Party	2	38	7	12	7	2	8	2	0	2	0	5	0	1	0	0	1	0	0	1	0	0
Politiker	3	2	1	0	0	0	0	0	0	0	0	8	1	1	2	2	6	2	5	8	10	37
Punk	3	51	6	10	3	0	7	2	0	3	0	2	1	0	0	0	0	0	0	0	0	0
Sex	4	43	7	8	7	1	12	1	0	0	1	3	0	0	0	0	1	0	0	0	0	0
Sexismus	3	2	0	2	0	0	1	0	2	1	2	15	3	6	0	1	8	1	3	4	5	29
Sonne	3	20	5	14	6	3	10	5	2	3	2	8	1	1	0	0	2	0	0	0	0	3
Spaß	2	63	9	5	1	2	3	0	0	0	0	1	0	0	0	0	0	0	0	0	0	2
straight edge	11	4	1	2	2	0	3	0	0	8	1	27	2	1	3	0	4	2	1	4	1	11
Toleranz	2	39	5	15	3	3	9	0	2	2	1	6	0	0	0	0	0	0	0	0	0	1

Die Daten der Tabelle erlauben es, die hierarchisierten Wörter in vier Gruppen einzuteilen, in stark positiv bzw. negativ markierte, in positiv bzw. negativ, in neutrale wie auch in diffuse Wörter, und zwar wie folgt:

a) Stark markierte Wörter:
– *positiv*: *Antifaschismus*, Bier, Ehrlichkeit, Freiheit, Freunde, Freundschaft, *Frieden*, Liebe, Musik, Party, Punk, Sex, Spaß, Toleranz
– *negativ*: Bullen, Kirche, Kommerz, *Krieg*, Nazis, Politiker
b) Markierte Wörter:
– *positiv*: Anarchie, *Ausländer*, *Familie*, Fuck, Hardcore, Oi!, Sonne
– *negativ*: *Sexismus*
c) *neutrale Wörter*: Arbeit, *Demokratie*, Deutschland, Geld
d) *diffuse Wörter*: Drogen, Haß, *Leben*, straight edge

Die Differenzierungskraft der Studenten und der allgemein-deutschen Vpn zeigen die beiden nachfolgenden Tabellen.

Tabelle 18, Die Differenzierungskraft der deutschen Studenten

Wort / Wert	100	90	80	70	60	50	40	30	20	10	0	-10	-20	-30	-40	-50	-60	-70	-80	-90	-100
Anarchie	2	2	2	0	1	4	0	2	3	3	11	1	2	2	2	5	2	2	2	0	6
AntiFa	11	3	9	1	2	6	2	1	1	0	10	2	0	0	3	0	1	0	0	0	2
Arbeit	9	3	2	4	2	11	2	4	3	2	7	0	1	1	0	2	0	0	0	0	1
Armut	1	0	0	0	0	2	0	0	0	2	1	1	2	1	1	4	2	3	6	5	23
Ausländer	4	3	3	2	1	11	0	3	1	0	25	0	1	0	0	0	0	0	0	0	0
Bier	10	0	3	2	2	4	1	5	1	8	9	1	3	0	0	0	0	1	0	0	4
Demokratie	24	4	4	6	3	5	1	2	3	0	0	0	0	0	0	1	1	0	0	0	0
Deutschland	0	0	3	3	0	8	4	0	4	3	19	2	1	1	0	1	1	0	2	1	1
Drogen	0	0	0	2	0	1	1	2	2	4	11	3	2	1	0	3	0	4	3	1	14
Ehrlichkeit	23	5	14	5	1	3	1	0	0	0	1	0	0	0	0	1	0	0	0	0	0
Erfolg	14	6	7	2	2	7	2	4	5	1	4	0	0	0	0	0	0	0	0	0	0
Familie	12	3	4	4	6	10	3	2	1	2	6	0	0	0	0	0	0	0	0	1	0
Freiheit	43	2	3	1	2	0	1	0	0	0	1	0	0	0	0	0	0	0	0	0	1
Freunde	38	6	6	1	2	0	0	0	0	0	1	0	0	0	0	0	0	0	0	0	0
Freundschaft	42	6	5	0	0	0	1	0	0	0	0	0	0	0	0	0	0	0	0	0	0
Frieden	38	3	1	2	1	2	1	2	2	0	2	0	0	0	0	0	0	0	0	0	0
Geld	7	3	5	4	2	14	5	4	2	1	7	0	0	0	0	0	0	0	0	0	0
Glück	31	5	6	3	2	3	0	2	0	0	1	0	0	0	0	0	0	0	0	0	1
Haß	1	0	0	0	0	2	0	0	1	4	4	2	1	1	0	6	4	5	3	5	15
Haus	2	0	2	5	0	13	2	3	3	4	19	0	1	0	0	0	0	0	0	0	0
Kirche	0	0	1	0	0	1	1	3	2	2	21	1	2	1	0	10		1	2	1	5
Krieg	0	0	0	0	0	0	0	0	0	0	1	1	2	0	0	1	0	0	3	1	45
Kultur	11	3	5	4	4	12	2	4	4	1	4	0	0	0	0	0	0	0	0	0	0
Liebe	36	5	5	1	0	5	1	0	1	0	0	0	0	0	0	0	0	0	0	0	0
Musik	17	7	6	4	3	10	3	1	2	0	1	0	0	0	0	0	0	0	0	0	0
Natur	27	7	7	1	3	6	0	0	0	0	3	0	0	0	0	0	0	0	0	0	0
Politiker	0	0	0	0	0	2	1	2	1	1	18	1	9	5	0	3	1	2	4	0	4
Punk	1	0	1	3	0	6	2	4	7	5	20	1	0	1	0	0	0	0	1	0	2
Sex	15	7	9	3	5	3	3	4	1	0	3	0	0	0	0	0	0	0	0	1	0
Sicherheit	8	3	4	4	2	14	1	3	4	4	5	0	2	0	0	0	0	0	0	0	0
Sonne	18	2	7	5	2	7	2	2	2	3	2	1	0	0	0	0	0	0	0	0	1
Spaß	23	4	8	4	3	3	2	4	0	2	0	0	0	0	0	0	0	0	0	0	1
Streß	3	0	0	0	0	7	1	4	2	2	6	4	6	2	0	5	2	2	3	1	4
Toleranz	24	4	9	7	2	4	1	2	0	0	1	0	0	0	0	0	0	0	0	0	0
Urlaub	20	4	10	2	2	7	2	0	2	2	2	0	0	0	0	0	0	0	0	0	1
Vaterland	1	0	0	0	0	1	1	1	2	2	27	1	1	2	0	2	0	1	1	4	7

Tabelle 19, Die Differenzierungskraft der deutschen Vpn

Skala	100	90	80	70	60	50	40	30	20	10	0	-10	-20	-30	-40	-50	-60	-70	-80	-90	-100
Arbeit	14	7	16	5	4	23	3	3	4	4	11	1	2	1	1	0	0	0	0	0	0
Ausländer	5	4	7	2	5	13	4	4	7	2	32	4	4	1	0	1	0	1	1	1	2
Demokratie	35	9	10	6	4	10	3	4	7	2	7	1	1	0	0	1	0	0	0	0	0
Ehrlichkeit	44	11	18	4	6	8	2	4	1	1	1	0	0	0	0	0	0	0	0	0	0
Familie	31	5	10	9	9	12	5	1	6	4	5	0	2	0	0	0	0	0	0	0	0
Freiheit	63	10	13	3	2	3	1	1	1	0	3	0	0	0	0	0	0	0	0	0	0

Skala	100	90	80	70	60	50	40	30	20	10	0	-10	-20	-30	-40	-50	-60	-70	-80	-90	-100
Freundschaft	60	9	14	4	3	9	1	0	0	0	0	0	0	0	0	0	0	0	0	0	0
Frieden	84	5	6	0	2	2	0	0	1	0	0	0	0	0	0	0	0	0	0	0	0
Geld	20	6	6	5	6	21	3	12	7	3	7	1	0	0	1	0	1	0	0	0	1
Haß	0	0	0	0	0	2	0	0	1	0	10	1	0	3	4	11	0	4	12	7	44
Kirche	1	0	2	1	1	8	4	3	5	5	32	3	2	3	1	12	1	0	7	0	9
Krieg	1	0	0	0	0	0	1	0	0	0	1	0	0	0	0	1	2	0	9	2	83
Liebe	59	9	15	4	6	4	0	0	0	0	3	0	0	0	0	0	0	0	0	0	0
Politik	1	0	3	4	2	8	5	4	7	7	29	5	5	3	3	4	2	3	2	0	3
Toleranz	36	7	20	5	5	9	2	5	4	1	4	0	0	0	0	1	0	0	0	0	0

5.5. Die Differenzierungskraft im Vergleich

Tabelle (20) liefert nun eine Gegenüberstellung der Punk-, studentischen und einzelkulturellen Differenzierungskraft. Damit Vergleichbarkeit gewährleistet ist, werden die Werte prozentual zur Vpn-Gruppe ausgedrückt (z.B.: ›Arbeit‹ wird bei den Punks von 1% der Vpn und bei den deutschen Vpn von 13% mit +100 bewertet). Die jeweiligen Abweichungen sind in der Tabelle deutlich ablesbar.

Tabelle 20, Die Differenzierungskraft im Vergleich (prozentual)
(fett = Punks, kursiv = Einzelkultur, ohne Hervorhebung = Studenten)

Wort / Wert	100	90	80	70	60	50	40	30	20	10	0	-10	-20	-30	-40	-50	-60	-70	-80	-90	-100
Anarchie	4	4	4	0	2	8	0	4	6	6	21	2	4	4	4	9	4	4	4	0	11
Anarchie	**20**	**5**	**10**	**3**	**7**	**19**	**0**	**6**	**6**	**5**	**9**	**0**	**0**	**1**	**0**	**3**	**0**	**0**	**1**	**0**	**2**
AntiFa	21	6	17	2	4	11	4	2	2	0	19	4	0	0	6	0	2	0	0	0	4
Antifaschismus	**76**	**7**	**3**	**2**	**1**	**3**	**0**	**0**	**2**	**1**	**0**	**0**	**0**	**0**	**0**	**0**	**0**	**0**	**0**	**0**	**0**
Arbeit	17	6	4	8	4	21	4	8	6	4	13	0	2	2	0	4	0	0	0	0	2
Arbeit	**1**	**0**	**2**	**3**	**3**	**8**	**1**	**7**	**2**	**1**	**27**	**3**	**5**	**3**	**0**	**10**	**2**	**1**	**1**	**1**	**13**
Arbeit	*13*	*7*	*15*	*5*	*4*	*22*	*3*	*3*	*4*	*4*	*11*	*1*	*2*	*1*	*1*	*0*	*0*	*0*	*0*	*0*	*0*
Ausländer	7	6	6	4	2	21	0	6	2	0	47	0	2	0	0	0	0	0	0	0	0
Ausländer	**19**	**6**	**16**	**5**	**2**	**16**	**2**	**0**	**1**	**2**	**28**	**0**	**0**	**0**	**0**	**0**	**0**	**0**	**0**	**0**	**1**
Ausländer	*5*	*4*	*7*	*2*	*5*	*13*	*4*	*4*	*7*	*2*	*31*	*4*	*4*	*1*	*0*	*1*	*0*	*1*	*1*	*1*	*2*
Bier	19	0	6	4	4	8	2	9	2	15	17	2	6	0	0	0	0	2	0	0	8
Bier	**42**	**6**	**11**	**2**	**0**	**10**	**2**	**3**	**2**	**1**	**6**	**1**	**0**	**0**	**0**	**2**	**0**	**0**	**2**	**0**	**6**
Demokratie	45	8	8	11	6	9	2	4	6	0	0	0	0	0	0	2	2	0	0	0	0
Demokratie	**10**	**2**	**2**	**2**	**1**	**14**	**2**	**1**	**3**	**3**	**23**	**3**	**6**	**1**	**0**	**9**	**0**	**1**	**5**	**2**	**5**
Demokratie	*34*	*9*	*10*	*6*	*4*	*10*	*3*	*4*	*7*	*2*	*7*	*1*	*1*	*0*	*0*	*1*	*0*	*0*	*0*	*0*	*0*
Deutschland	0	0	6	6	0	15	8	0	8	6	36	4	2	2	0	2	2	0	4	2	2
Deutschland	**1**	**0**	**0**	**1**	**1**	**2**	**0**	**0**	**2**	**0**	**25**	**2**	**5**	**1**	**2**	**15**	**0**	**3**	**9**	**2**	**25**
Drogen	0	0	0	4	0	2	2	4	4	8	21	6	4	2	0	6	0	8	6	2	26
Drogen	**2**	**2**	**3**	**2**	**1**	**11**	**1**	**1**	**11**	**8**	**23**	**2**	**2**	**0**	**0**	**5**	**0**	**2**	**0**	**0**	**18**
Ehrlichkeit	43	9	26	9	2	6	2	0	0	0	2	0	0	0	0	2	0	0	0	0	0
Ehrlichkeit	**51**	**8**	**11**	**0**	**2**	**9**	**0**	**2**	**1**	**1**	**7**	**0**	**0**	**0**	**0**	**0**	**0**	**0**	**0**	**0**	**2**
Ehrlichkeit	*42*	*11*	*17*	*4*	*6*	*8*	*2*	*4*	*1*	*1*	*1*	*0*	*0*	*0*	*0*	*0*	*0*	*0*	*0*	*0*	*0*
Familie	23	6	8	8	11	19	6	4	2	4	11	0	0	0	0	0	0	0	0	2	0
Familie	**10**	**3**	**6**	**2**	**3**	**11**	**3**	**3**	**5**	**15**	**26**	**1**	**1**	**0**	**0**	**3**	**0**	**0**	**1**	**1**	**0**
Familie	*30*	*5*	*10*	*9*	*9*	*12*	*5*	*1*	*6*	*4*	*5*	*0*	*2*	*0*	*0*	*0*	*0*	*0*	*0*	*0*	*0*
Freiheit	81	4	6	2	4	0	2	0	0	0	2	0	0	0	0	0	0	0	0	0	2
Freiheit	**89**	**3**	**2**	**1**	**0**	**1**	**1**	**0**	**0**	**0**	**0**	**0**	**0**	**0**	**0**	**0**	**0**	**0**	**0**	**0**	**0**
Freiheit	*61*	*10*	*13*	*3*	*2*	*3*	*1*	*1*	*1*	*0*	*3*	*0*	*0*	*0*	*0*	*0*	*0*	*0*	*0*	*0*	*0*
Freunde	72	11	11	2	4	0	0	0	0	0	2	0	0	0	0	0	0	0	0	0	0
Freunde	**73**	**6**	**11**	**2**	**0**	**1**	**1**	**0**	**0**	**0**	**2**	**0**	**0**	**0**	**0**	**0**	**0**	**0**	**0**	**0**	**0**

Wort / Wert	100	90	80	70	60	50	40	30	20	10	0	-10	-20	-30	-40	-50	-60	-70	-80	-90	-100
Freundschaft	79	11	9	0	0	0	2	0	0	0	0	0	0	0	0	0	0	0	0	0	0
Freundschaft	78	6	7	1	1	1	0	0	0	0	2	0	0	0	0	1	0	0	0	0	0
Freundschaft	58	9	13	4	3	9	1	0	0	0	0	0	0	0	0	0	0	0	0	0	0
Frieden	72	6	2	4	2	4	2	4	4	0	4	0	0	0	0	0	0	0	0	0	0
Frieden	68	5	9	2	0	5	1	2	1	0	3	0	0	1	0	0	0	0	0	0	0
Frieden	81	5	6	0	2	2	0	0	1	0	0	0	0	0	0	0	0	0	0	0	0
Geld	13	6	9	8	4	26	9	8	4	2	13	0	0	0	0	0	0	0	0	0	0
Geld	9	1	2	2	1	16	3	5	3	7	34	1	0	1	0	1	0	1	1	0	8
Geld	19	6	6	5	6	20	3	12	7	3	7	1	0	0	1	0	1	0	0	0	1
Haß	2	0	0	0	0	4	0	0	2	8	8	4	2	2	0	11	8	9	6	9	28
Haß	5	2	0	3	1	9	2	0	3	7	25	1	2	1	1	6	1	1	3	1	19
Haß	0	0	0	0	0	2	0	0	1	0	10	1	0	3	4	11	0	4	12	7	42
Kirche	0	0	2	0	0	2	2	6	4	4	40	2	4	2	0	19	0	2	4	2	9
Kirche	1	0	0	0	0	1	0	0	1	1	6	1	2	1	1	11	0	6	7	6	52
Kirche	1	0	2	1	1	8	4	3	5	5	31	3	2	3	1	12	1	0	7	0	9
Krieg	0	0	0	0	0	0	0	0	0	0	2	2	4	0	0	2	0	0	6	2	85
Krieg	0	0	0	0	1	0	0	0	0	0	7	0	1	0	0	2	0	0	2	7	77
Krieg	1	0	0	0	0	0	1	0	0	0	1	0	0	0	0	1	2	0	9	2	80
Liebe	68	9	9	2	0	9	2	0	2	0	0	0	0	0	0	0	0	0	0	0	0
Liebe	64	3	9	3	0	6	2	1	3	1	3	0	0	0	0	0	0	0	0	0	0
Liebe	57	9	14	4	6	4	0	0	0	0	3	0	0	0	0	0	0	0	0	0	0
Musik	32	13	11	8	6	19	6	2	4	0	2	0	0	0	0	0	0	0	0	0	0
Musik	75	3	8	2	1	6	0	0	0	0	1	0	0	0	0	0	0	0	0	0	0
Politik	1	0	3	4	2	8	5	4	7	7	28	5	5	3	3	4	2	3	2	0	3
Politiker	0	0	0	0	0	4	2	4	2	2	34	2	17	9	0	6	2	4	8	0	8
Politiker	2	1	0	0	0	0	0	0	0	0	9	1	1	2	2	7	2	6	9	11	42
Punk	2	0	2	6	0	11	4	8	13	9	38	2	0	2	0	0	0	0	2	0	4
Punk	58	7	11	3	0	8	2	0	3	0	2	1	0	0	0	0	0	0	0	0	0
Sex	28	13	17	6	9	6	6	8	2	0	6	0	0	0	0	0	0	0	0	2	0
Sex	49	8	9	8	1	14	1	0	0	1	3	0	0	0	0	1	0	0	0	0	0
Sonne	34	4	13	9	4	13	4	4	4	6	4	2	0	0	0	0	0	0	0	0	2
Sonne	23	6	16	7	3	11	6	2	3	2	9	1	1	0	0	2	0	0	0	0	3
Spaß	43	8	15	8	6	6	4	8	0	4	0	0	0	0	0	0	0	0	0	0	2
Spaß	72	10	6	1	2	3	0	0	0	0	1	0	0	0	0	0	0	0	0	0	2
Toleranz	45	8	17	13	4	8	2	4	0	0	2	0	0	0	0	0	0	0	0	0	0
Toleranz	44	6	17	3	3	10	0	2	2	1	7	0	0	0	0	0	0	0	0	0	1
Toleranz	35	7	19	5	5	9	2	5	4	1	4	0	0	0	0	1	0	0	0	0	0

6. Die Semantisierung der subkulturellen Symbole

Aus dem dritten Schritt der Erhebung ergaben sich die semantischen Profile der untersuchten Wörter. Ein Relevanzkriterium für die Bestimmung der kulturellen Bedeutung ist hier schwer festzulegen, zumal die Anzahl der Vpn relativ gering ist. In den folgenden Tabellen werden daher Wörter angegeben, die mindestens 3mal vorkommen.

6.1. **Das Type/Token-Verhältnis bei den Punks** (und im Vergleich)
Die Tabelle (21) gibt Auskunft über die Type/Token-Verteilung beim dritten Schritt der Punk-Umfrage. Es wird jeweils die Anzahl der Types und Tokens angegeben wie auch deren Verhältnis (Type/Token). Aus dem T/T-Verhältnis wird die Sicherheit der Umschreibungen bzw. der Grad an Zweifeln bei den Vpn sichtbar. Je geringer dieser Wert ist, desto weniger Zweifel haben die Vpn bei der Umschreibung eines Wortes mit Hilfe bestimmter anderer Wörter, desto sicherer sind sie sich bei der Beurteilung und desto eindeutiger ist das Wort mit konkreten anderen Wörtern verbunden. Allgemein gesehen, ist ein relativ hohes Niveau des T/T-Verhältnisses zu beobachten (0,58 bis 0,89; im Fall der einzelkulturellen Umfrage betrug die Spanne 0,38 bis 0,68), was dafür spricht, daß die Punks die vorgelegten Wörter in ihrer Bedeutung nicht übereinstimmend charakterisieren. Dieser Umstand kann allerdings auch daran liegen, daß das Repertoire der Umschreibungen groß ist. Es wäre notwendig, die konkreten Angaben unter der Fragestellung zu untersuchen, aus welchen semantischen Feldern sie stammen. Sind es wenige und ähnliche Felder oder stammen die Angaben aus verschiedenen voneinander abweichenden Feldern?

Tabelle 21, Das Type/Token-Verhältnis der Punks bei Schritt 3

Wort	Types	Token	T/T	Wort	Types	Token	T/T
Anarchie	164	251	0,65	Haß	187	243	0,77
Antifaschismus	184	256	0,72	Kirche	185	244	0,76
Arbeit	173	253	0,68	Kommerz	179	240	0,75
Ausländer	198	242	0,82	*Krieg*	175	249	0,70
Bier	192	248	0,77	*Leben*	184	245	0,75
Bullen	197	255	0,77	Liebe	174	239	0,73
Demokratie	198	239	0,83	Musik	152	247	0,62
Deutschland	206	250	0,82	Nazis	187	250	0,75
Drogen	202	248	0,81	Oi!	173	238	0,73
Ehrlichkeit	174	233	0,75	Party	147	252	0,58
Familie	178	243	0,73	Politiker	188	252	0,75
Freiheit	197	240	0,82	Punk	176	240	0,73
Freunde	164	243	0,67	Sex	162	237	0,68
Freundschaft	167	245	0,68	*Sexismus*	189	233	0,81
Frieden	184	231	0,80	Sonne	137	249	0,55
Fuck	176	224	0,79	Spaß	151	244	0,62
Geld	193	241	0,80	straight edge	180	202	0,89
Hardcore	199	235	0,85	Toleranz	176	232	0,76

Tabelle (22) zeigt die Ausprägung des Type/Token-Verhältnisses bei den Studenten und Tabelle (23) den Vergleich zwischen allen drei Gruppen (Punks, Studenten, allgemein-deutsche Vpn). Der niedrigste Wert liegt bei den Studenten bei 0,50, der höchste bei 0,80, was in etwa auch den Werten bei den Punks entspricht. Hier lassen sich also keine deutlichen Abweichungen feststellen.

Tabelle 22, Das Type/Token-Verhältnis der Studenten bei Schritt 3

Wort	Types	Token	T/T	Wort	Types	Token	T/T
Anarchie	77	135	0,57	Haß	88	133	0,66
Antifa	98	123	0,80	Haus	71	138	0,51
Arbeit	91	147	0,62	Kirche	101	144	0,70
Armut	105	147	0,71	Krieg	82	147	0,56
Ausländer	109	142	0,77	Kultur	85	142	0,60
Bier	104	150	0,69	Liebe	97	140	0,69
Demokratie	92	139	0,66	Musik	94	144	0,65
Deutschland	113	141	0,80	Natur	91	151	0,60
Drogen	114	147	0,78	Politiker	113	141	0,80
Ehrlichkeit	88	139	0,63	Punk	99	135	0,73
Erfolg	97	141	0,69	Sex	89	142	0,63
Freunde	91	138	0,66	Sicherheit	93	135	0,69
Freundschaft	77	134	0,57	Sonne	74	149	0,50
Familie	72	143	0,50	Spaß	73	140	0,52
Freiheit	102	135	0,76	Streß	91	138	0,66
Frieden	91	135	0,67	Toleranz	100	129	0,78
Geld	96	140	0,69	Urlaub	76	147	0,52
Glück	78	135	0,58	Vaterland	91	128	0,71

Tabelle 23, Das Type/Token-Verhältnis im Vergleich: Punks, Studenten, Einzelkultur (D)

Wort	Punk	Stud.	D	Wort	Punk	Stud.	D
Anarchie	0,65	0,57		*Krieg*	0,70	0,56	0,44
Antifaschismus	0,72	0,80*		*Leben*	0,75		
Arbeit	0,68	0,62	0,44	Liebe	0,73	0,69	0,48
Ausländer	0,82	0,77	0,68	Musik	0,62	0,65	
Bier	0,77	0,69		Nazis	0,75		
Bullen	0,77			Oi!	0,73		
Demokratie	0,83	0,66	0,53	Party	0,58		
Deutschland	0,82	0,80		Politiker	0,75	0,80	0,55**
Drogen	0,81	0,78		Punk	0,73	0,73	
Ehrlichkeit	0,75	0,63		Sex	0,68		
Familie	0,73	0,50	0,44	*Sexismus*	0,81		
Freiheit	0,82	0,76	0,62	Sonne	0,55	0,50	
Freunde	0,67	0,66		Spaß	0,62	0,52	
Freundschaft	0,68	0,57	0,48	straight edge	0,89		
Frieden	0,80	0,67	0,53	Toleranz	0,76	0,78	0,63
Fuck	0,79			Armut		0,71	0,57
Geld	0,80	0,69	0,47	Haus		0,51	0,45
Hardcore	0,85			Kultur		0,60	0,48
Haß	0,77	0,66	0,54	Sicherheit		0,69	0,47
Kirche	0,76	0,70	0,54	Urlaub		0,52	0,42
Kommerz	0,75			Vaterland		0,71	0,51

* – Antifa; ** – Politik

6.2. Die semantischen Profile der Punks

Es folgt die Angabe der semantischen Profile für die behandelten Wörter. Die häufigsten Umschreibungen der Symbole werden in drei Kategorien angegeben, dabei geht es hauptsächlich um eine Angleichung der Daten im bezug auf Kasus, Numerus etc., und zwar als: a) Grundwort, b) Varianten des Grundwortes und c) das Grundwort (oder Varianten) enthaltende Ausdrücke. Als Grundwort gilt die in einer entsprechenden Klasse am häufigsten angegebene Wortform. Als Varianten gelten alle mit ihr verwandten, aber in irgendeiner Hinsicht von ihr abweichenden Wortformen oder aus demselben semantischen Feld stammende Wörter. Als Ausdrücke werden alle von den Vpn angegebenen Formulierungen angesehen, die das Grundwort oder aber eine seiner Formen (Varianten) enthalten. Bei der Bestimmung der Varianten wurde in einigen wenigen Fällen relativ frei zugeordnet. Es ging hauptsächlich darum, eine für wesentlich gehaltene und mitunter relativ häufig auftretende semantische Komponente aus dem Profil nicht auszusparen und somit für die Analyse zu erhalten. Es handelt sich jedoch um Ausnahmefälle. Für jede Kategorie wird die jeweilige absolute Häufigkeit (n) angegeben. Die letzte Spalte (Σ) enthält die Summe der einzelnen Häufigkeiten.

In den folgenden Listen sind die Wörter angeführt, die von den Vpn häufiger als zwei mal angegeben worden sind. Um den Vernetzungseffekt zumindest anzudeuten, sind jene abgefragten Wörter, die als Umschreibungen eines anderen Wortes (in einem fremden semantischen Profil sozusagen) auftauchen, fett gesetzt, so daß sichtbar wird, welche und wie viele (vermutete) subkulturelle Symbole bei der Definition eines anderen Symbols genutzt werden. Die Bestandteile der semantischen Profile werden nur kurz und stichwortartig besprochen, und es wird nur auf die allgemeinen Tendenzen bei den Umschreibungen hingewiesen. Aus den Tabellen wird eindeutig sichtbar, welche Ausrichtung die Umschreibungen verfolgen und auf welche Art und Weise die Wörter von den Vpn charakterisiert werden. Eine detailliertere Besprechung würde das ohnehin Sichtbare nur wiederholen. Falls entsprechendes Material aus der allgemein-deutschen Umfrage zur Verfügung steht, wird nach der Besprechung des semantischen Profils der Punks zum Vergleich das Profil des gleichen Wortes aus dem einzelkulturellen Diskurs präsentiert (die Besprechung der Wörter siehe Fleischer 1996).

Anarchie

Grundwort	n	Varianten	n	Ausdrücke	n	Σ
Freiheit	36			totale Freiheit absolute Freiheit	2 1	39
Chaos	18	Chaostage chaotisch Kaos	2 1 1	teilw. Chaos	1	23
›kein‹ (als Negation)				keine Bullen kein Führer kein Geld kein Neid keine Herrenmenschen keine Herrschaft keine Nazis keine Obrigkeit keine Ordnung keine Politik keine Politiker keine Regeln keine Regeln, Gesetze keine Sorgen keine Grenzen keine Herrschaft in irgendeiner Form	2 1 1 1 1 1 1 1 1 1 1 1 1 1 1 1	17
Spaß	7					7
Leben	3	Lebenseinstellung Lebensinhalt	1 1			5
Utopie	4	utopisch	1			5
Punk	4	Punx	1			5
Gleichheit	4					4
Frieden	3	Friede	1			4
Gesetzeslosigkeit	1	gesetzlos Gesetzlosigkeit	1 1			3
Traum	3					3
Gewalt	3					3
APPD	3					3

›Anarchie‹ wird insgesamt relativ selten, aber durchweg als positives Wort genannt, und zwar von 6,8% der Vpn. Trotzdem handelt es sich, wie aus dem semantischen Profil hervorgeht, um ein in der Punk-Szene wichtiges Wort. Im einzelkulturellen Diskurs findet sich das Wort ›Anarchie‹ nicht. In der Punk-Szene wird es insgesamt positiv bewertet, mit +47 liegt es im mittleren positiven Bereich. Was die Differenzierung der Bewertungen anbelangt, so finden sich zwei Konzentrationspunkte: 18 Vpn bewerten ›Anarchie‹ mit +100, 17 Vpn mit +50.

Die Semantik des Wortes wird hauptsächlich durch ›Freiheit‹ (39mal) bestimmt, gefolgt von Chaos (23mal) und von 17 Negativdefinitionen des Wortes, die durch die Negationspartikel ›kein‹ eingeleitet werden und eine Abgrenzung von etwas bezeichnen. Auffällig ist des weiteren die Nutzung hauptsächlich positiver Wörter, wie ›Spaß‹, ›Leben‹ und ›Frieden‹ zur Bestimmung von ›Anarchie‹ und die klare Abgrenzung des Wortes von Negativem. Die hier zur Charakterisierung von ›Anarchie‹ herangezogenen Wörter ›Freiheit‹, ›Spaß‹, ›Leben‹, ›Punk‹ und ›Frieden‹ sind von den Punks in Schritt 1 der Untersuchung ebenfalls genannt worden, was die Vermutung nahelegt, daß es sich hier um Wörter handelt, die im potentiellen subkulturellsymbolischen System der Punk-Szene verankert und miteinander vernetzt sind. Entsprechende Wörter werden in den Tabellen der semantischen Profile jeweils fett gedruckt. Insgesamt besitzt das Wort ›Anarchie‹ ein breites semantisches Profil, d.h. es wurden viele Wörter zu seiner Charakterisierung angegeben. Das Profil ist aber relativ flach ausgeprägt – es wurden wenig Varianten oder Ausdrücke der erklärenden Wörter verwendet. Es handelt sich bei ›Anarchie‹ um ein subkulturelles Symbol.

Antifaschismus

Grundwort	n	Varianten	n	Ausdrücke	n	Σ
wichtig	19			sehr wichtig wichtige Sache	5 1	25
Nazis raus	2	Nazis Neonazis	1 1	Nazi fuck off fuck Nazis *braune Pest* Nazis verachten Nazis verhauen Nazis verpönen gegen Nazis alles Nazis no nazis scheiß Nazis	1 1 1 1 1 1 2 1 1 1	15
Kampf	10					10
Faschismus	2	Faschisten	1	Faschos klatschen fuck Faschos Kampf dem Faschismus gegen den Faschismus Scheiß Faschos	2 1 1 1 1	9
Toleranz	8			Toleranz (nicht die Nazis sondern Ausländer)	1	9
Antifa	5	*Antirechtsradikale*	1	Antifas überall Scheiß Anti-Antifa	1 1	8
notwendig	5					5
Freiheit	4					4
Hitler	2			A. Hitler fuck Hitler	1 1	4
Demo	1	Demonstration Demos	1 1			3
Menschlichkeit	3					3
muß sein	3					3
Pflicht	3					3
selbstverständlich	3					3

›Antifaschismus‹ wurde von den Punks selbst nicht bzw. seltener als fünf mal genannt. Dennoch handelt es sich um ein Wort, dessen Semantik zu erfragen sinnvoll erschien, da die Durchsicht verschiedener Zeitschriften der Punk-Szene (Fanzines) die Vermutung nahelegte, daß es sich um ein im Diskurs zumindest implizit wichtiges Wort handeln könnte. Im einzelkulturellen Diskurs kommt das Wort nicht vor, ein Vergleich ist also nicht möglich. ›Antifaschismus‹ wird insgesamt sehr positiv bewertet (+89), wobei 67 Vpn es mit +100 bewerten, ein weiterer Schwerpunkt in der Differenzierung ist nicht zu beobachten.
Was die Semantik anbelangt, so betreffen die meisten Nennungen die allgemeine Wichtigkeit des Wortes (25mal). An zweiter Stelle stehen die Komponenten ›Nazis‹ (15mal) bzw. ›Faschismus‹ (9mal), die stets mit einer Negativkomponente versehen sind: ›Nazi fuck off‹ u.dgl. Auffällig ist die Bildung der Opposition ›Faschismus – Antifaschismus‹, die durch die starke Komponente ›wichtig‹ zur Charakterisierung von ›Antifaschismus‹ ebenfalls herangezogen wird. Zudem werden sowohl im Zusammenhang mit ›Nazis‹ wie auch mit ›Faschismus‹ sehr aggressive Verben genannt. ›Antifaschismus‹ hat insgesamt ein schmales, aber relativ tiefes Profil. Obwohl es sehr positiv bewertet wird, ist es kein subkulturelles Symbol, da es keine spezifische subkulturelle Bedeutung aufweist und zudem von den Probanden selbst nicht genannt wurde.

Arbeit

Grundwort	n	Varianten	n	Ausdrücke	n	Σ
Geld	25	Kohle	5	Geld leider Geldquelle	1 1	32
muß sein	5			muß Spaß machen muß muß aber gut sein (Freiheit) muß gemacht werden muß manchmal sein muß nich sein muß Spaß machen	3 1 1 1 1 1 1	14
Streß	10	stressig	3			13
Scheiße	10					10
notwendig	6	Notwendigkeit	1	notwendiges Übel	2	9
›kein‹				kein Bock kein gleicher Lohn für gleiche Arbeit kein Sofa kein Spaß keine Lust keine Probleme mit (noch nicht) keine Freiheit keine Lust	1 1 1 1 1 1 1 1	8
anstrengend	4	Anstrengung	1			5
früh aufstehen	5					5
Ausbeutung	4					4
Langeweile	4					4
lästig	3					3
Zwang	3					3

Auch bei ›Arbeit‹ handelt es sich um ein relativ selten, nämlich von 7,9% der Vpn genanntes Wort. Bewertet wurde es insgesamt mit -10, was das Wort im mittleren Bereich plaziert. Die meisten Vpn (24) bewerten es mit 0 und 11 Vpn nennen -100. Die anderen Bewertungen verteilen sich im positiven und im negativen Bereich, was insgesamt darauf hindeutet, daß es sich um ein in der Punk-Szene relativ unbedeutendes Wort handelt. Aufschlußreich ist in dieser Hinsicht der Vergleich mit dem einzelkulturellen Diskurs: hier wird ›Arbeit‹ nämlich durchschnittlich mit +52 bewertet, fast alle Bewertungen liegen im positiven Bereich, die meisten Nennungen sind bei +50 (23 Vpn). Auch wird es von der deutschen Bevölkerung allgemein viel häufiger genannt als von der Gruppe der Punks (24,0% zu 7,9%), von den befragten Studenten hingegen wird es seltener genannt (3,4%).
Die Semantik des Wortes ist hauptsächlich durch ›Geld‹ (32mal) wie auch durch die relativ stark wertenden Komponenten ›muß‹ (14mal) und ›kein‹ (8mal) sowie durch ›Streß‹ (13mal) charakterisiert. Die starken Wertungen zeigen insgesamt, daß Arbeit als ›ein notwendiges Übel‹ empfunden wird; des weiteren tauchen, wenn auch nur selten, linksideologische Momente bei der Charakterisierung des Wortes auf (z.B. ›Ausbeutung‹, 4mal); in dieser Hinsicht unterscheidet es sich von der Semantisierung im einzelkulturellen Diskurs. Allgemein hat ›Arbeit‹ im Diskurs der Punks ein schmales und flaches semantisches Profil: Es scheint für die Subkultur von relativ geringer Bedeutung zu sein und kann daher nicht als subkulturelles Symbol derselben identifiziert werden.

Arbeit (Einzelkultur)

Grundwort	n	Varianten	n	Ausdrücke	n	Σ
Geld	56	Geldverdienen	2			58
Sicherheit	25					25
Beschäftigung	14	Beruf Freizeitbeschäftigung	4 1			19
Streß	13					13
Wohlstand	9					9
Leben	2	Lebensinhalt Lebensinn Lebensunterhalt	4 1 1			8
Job	5	Maloche malochen	1 1			7
Kollegen	6	Kollegenkreis	1			7
Spaß	7					7
Zukunft	7					7
Selbstverwirklichung	2	Selbständigkeit Selbstbestimmung Selbstwert Selbstwertgefühl	1 1 1 1			6
Erfolg	6					6
Ansehen	4	angesehen sein	1			5
Urlaub	5					5

Ausländer

Grundwort	n	Varianten	n	Ausdrücke	n	Σ
Menschen	13	Menschlichkeit	1	nette Leute auch Menschen Menschen es gibt überall Arschlö-cher Menschen wie du und ich Menschen wie wir nette Menschen Leute wie du und ich normale Menschen sind Menschen so wie wir sind genauso Menschen wie wir	2 1 1 1 1 1 1 1 1 1	25
Freunde	12			Freund gute Freunde mein Freund Georgios mein Freund ist Ausländer meine Freunde meine ex Freundin	1 1 1 1 1 1	18
Kultur	4	Kulturaustausch Kulturen Kulturvielfalt	2 2 1			9
Multikultur	2	multikulturell multi-kulti multikulti	2 1 1	multikulturelle Gesellschaft	1	7
Kumpel	1	Kumpels Angelo (Kumpel) Sedu (Kumpel)	1 1 1	habe ich auch als Kumpel	1	5
Döner	2			Döner Kebap	2	4
O.K.	4					4
interessant	3					3

Das Wort ›Ausländer‹ wurde von den Vpn selbst nicht bzw. seltener als fünf mal genannt. Trotzdem wurde es aus Gründen der Vergleichbarkeit mit dem einzelkulturellen Diskurs in die Untersuchung aufgenommen. Bewertet wurde das Wort durchschnittlich mit +48, wogegen es von der allgemein-deutschen Bevölkerung bei +24 eingestuft wurde. Allgemein wurde es von der Gruppe der Punks ausschließlich im positiven Bereich plaziert, der häufigst genannte Wert ist 0 (25mal), gefolgt von +100 (17mal). Im einzelkulturellen Diskurs ist ein ähnliches Verhältnis festzustellen, hier wurde 32mal mit 0 bewertet und 13mal mit +50. Insgesamt läßt sich jedoch feststellen, daß das Wort ›Ausländer‹ unter den Punks markant positiver gesehen wird als von der allgemein-deutschen Bevölkerung.
Das semantische Profil des Wortes setzt sich vor allem aus den Komponenten ›Menschen‹ (25mal) und ›Freunde‹ (18mal) zusammen. Erst an dritter Stelle (9mal) taucht die im einzelkulturellen Diskurs häufigste Komponente ›Kultur‹ auf. Im einzelkulturellen Diskurs dagegen kommt die Komponente ›Freunde‹ überhaupt nicht vor, ›Menschen‹ wird hier nur 8mal zur Charakterisierung herangezogen. Das semantische Profil des Wortes im Punk-Diskurs ist äußerst schmal, aber recht tief. Auffällig sind die individualisierte Betrachtungsweise (z.B. ›Kumpel‹, ›mein Freund Georgios‹) und die sehr positiven Wertungen. Es handelt sich jedoch insgesamt nicht um ein subkulturelles Symbol.

Ausländer (Einzelkultur)

Grundwort	n	Varianten	n	Ausdrücke	n	Σ
Kultur	8	Multikultur	2	andere Kultur	2	23
		Akkulturation	1	multikulturelle Gesellschaft	2	
		Kulturaustausch	1	bringen andere Kultur mit	1	
		Fremdkultur	1	kulturelle Vielfalt	1	
		Kulturvielfalt	1	fremde Kultur	1	
		Multikulti	1			
		multikulturell	1			
Fremde	8	fremd	6			22
		Fremdheit	4			
		Fremder	1			
		Fremdsein	1			
		Fremdsprache	1			
		fremdsprachig	1			
anders	4	andersartig	1	andere Einstellungen	1	10
		Andersartigkeit	1	andere Mentalität	1	
				andere Religion	1	
				andere Sprache	1	
Türken	6	Türke	3			10
		Türkei	1			
Asylanten	7	Asyl	1			9
		Asylbewerber	1			
Kriminalität	4	Mafia	3			9
		Kriminelle	1			
		Gangster	1			
Gastarbeiter	9					9
Menschen	5	Mensch	2			8
		Mitmenschen	1			
Drogen	6					6
Freundschaft	2	Freunde	2			5
		Freundschaften	1			

Bier

Grundwort	n	Varianten	n	Ausdrücke	n	Σ
lecker	13					13
schmeckt	2			schmeckt gut schmeckt immer schmeckt mich nicht schmeckt nicht schmeckt Scheiße schmeckt selten schmeckt nicht schmackhaft	1 1 1 1 1 1 1 1	10
Nahrungsmittel	3	Grundnahrungsmittel Hauptnahrungsmittel	3 1			7
geil	3			geiles Getränk	1	4
Durst	3	Durstlöscher Durststiller	2 1			6
Party	6					6
saufen	5					5
Spaß	5					5
Alkohol	4					4
ALDI	3					3
Getränk	3					3
gut	3					3
lebensnotwendig	3					3
Rausch	3					3

Das Wort ›Bier‹ wurde von 13,2% der Vpn genannt; es liegt in Hinblick auf die Häufigkeit an achter Stelle. Zum Vergleich: von den Studenten nannten es nur 1,1% und von der allgemein-deutschen Bevölkerung 3,8%. Es handelt sich bei allen drei verglichenen Gruppen um ein allgemein eindeutig positiv eingestuftes Wort. Die Punks bewerten es durchschnittlich mit +56; was die Differenzierung der Bewertungen angeht, so liegen fast alle im positiven Bereich, 37mal wird mit +100 bewertet.

Das semantische Profil ist relativ breit, aber äußerst flach. Es wurden also viele Wörter zur Semantisierung herangezogen, diese sind aber fast alle ohne Varianten genannt. Obwohl überdeutlich ausgeprägte Hinweise auf die Punks bzw. auf die eigene Subkultur fehlen, die Semantik konzentriert sich auf die Komponenten ›lecker‹ (13mal) und ›schmeckt‹ (10mal), an dritter Stelle steht die ironische Komponente ›Nahrungsmittel‹ (7mal), kann man jedoch insgesamt davon ausgehen, daß es sich um ein subkulturelles Symbol handelt.

Bullen

Grundwort	n	Varianten	n	Ausdrücke	n	Σ
Scheiße	10			scheiß Job scheiß drauf Scheiße auf Chaostagen sind Scheiße	1 1 1 1	14
grün	8			grüner Ausschlag	1	9
Schweine	8					8
Faschisten	2	Faschos faschistisch	3 1	viele Faschos	1	7
Knüppel	3	Knüppelgarde knüppeln	2 1	Knüppelaus'm Sack	1	7
dumm	4	Dummheit *doof*	1 1			6
Roboter	4	Roboter/Römer	1			5
Gewalt	4					4
Befehlsempfänger	2			befolgen Befehle	1	3
brutal	2	Brutalität	1			3
Beamte	3					3
Chaostage	3					3
Idioten	3					3
Nazis	3					3
Schläger	3					3

Genannt wurde das Wort ›Bullen‹ von 10,5% der Vpn. Es handelt sich damit um ein relativ häufiges Wort: Im Gegensatz hierzu wurde es von der allgemein-deutschen Bevölkerung nur von 0,5% genannt. Die Bewertung liegt bei den Punks im mittleren negativen Bereich, durchschnittlich bei -54, wobei das Wort von den jüngeren Vpn negativer bewertet wird als von den älteren (-63 zu -46). Was die Differenzierung betrifft, so wird es 29mal bei -100 und 11mal bei -50 eingestuft, die Bewertungen konzentrieren sich im Bereich von 0 bis -100.
Das semantische Profil ist insgesamt pejorativ: An erster Stelle taucht die Komponente ›Scheiße‹ (14mal) auf; nur zwei Komponenten sind neutral, nämlich ›grün‹ (9mal) und ›Beamte‹ (3mal). Die semantische Komponente ›Polizei‹ kommt nicht vor: Durch die Nennung von ›Chaos-Tage‹ (4mal) ist ein eindeutiger Bezug auf die eigene Subkultur gegeben. Es läßt sich eine Opposition zwischen Punks auf der einen und ›Faschisten‹, ›Nazis‹, ›Bullen‹ auf der anderen Seite feststellen. Das semantische Profil ist breit, aber relativ flach. Insgesamt ist anzunehmen, daß es sich beim Wort ›Bullen‹ um ein subkulturelles Symbol handelt.

Demokratie

Grundwort	n	Varianten	n	Ausdrücke	n	Σ
klappt nie	3			klappt nicht klappt aber nicht klappt eh nicht klappt wohl nie klappt selten	3 1 1 1 1	10
Lüge	6	Lügen	1	Lug und Trug	1	8
Volksherrschaft	4	Volksmacht Volkswille Volxverarschung	1 1 1	irgend etwas mit Volk	1	8
gut	3			1 gute Grundidee 1 gute Theorie 1 gute Idee	1 1 1	6
BRD	4	BRD???	1			5
Politiker	2	Politik Politikfick	2 1			5
Wahlen	3	wählen Wahlfreiheit	1 1			5
Anarchie	3			Anarchie statt Lethargie	1	4
Freiheit	3					3
Heuchelei	3					3
Meinungsfreiheit	3					3
Scheiße	3					3
wichtig	3					3

Das Wort ›Demokratie‹ wurde von den Punks selbst nicht bzw. seltener als fünf mal genannt. Da es im einzelkulturellen Diskurs jedoch einen hohen Stellenwert einnimmt, wurde es zu Vergleichszwecken in diese Untersuchung einbezogen. Von den Punks wird es durchschnittlich mit +8 bewertet, von der allgemein-deutschen Bevölkerung mit +65. Was die Differenzierung der Bewertungen anbelangt, so liegen die meisten Bewertungen der Punks bei dem Wert 0, den 20 Vpn angegeben haben, wogegen die meisten Bewertungen im allgemein-deutschen Bereich bei +100 liegen (35 Vpn). Ähnlich bei beiden Gruppen ist, daß die Bewertungen insgesamt hauptsächlich im positiven Bereich liegen. Es handelt sich offensichtlich um ein diskurshaft wichtiges Wort, bei den Punks hingegen ist es nicht von zentraler diskurshafter Bedeutung.
Das semantische Profil ist relativ breit, jedoch nicht allzu tief ausgeprägt; es dominieren die Komponenten ›klappt nicht‹ (10mal) und ›Lüge‹ (8mal). Da das Wort von den Punks selbst nicht genannt wurde und lediglich zu Vergleichszwecken mit dem einzelkulturellen Diskurs in die Untersuchung einbezogen wurde, da es des weiteren keine für den Punk-Diskurs spezifischen subkulturell-symbolischen Merkmale aufweist, ist es für diese Subkultur nicht als subkulturelles Symbol einzustufen.

Demokratie (Einzelkultur)

Grundwort	n	Varianten	n	Ausdrücke	n	Σ
Wahlen	18	Wahl	4	vox populi	1	34
		Wahlrecht	4	geheime Wahl	1	
		Abstimmung	2			
		Wählbarkeit	1			
		Wahlfreiheit	1			
		Bürgerwahl	1			
		Wahlversprechen	1			
Freiheit	19					19
Parteien	14	Parteiensystem	1			17
		parteiisch	1			
		Parteipolitik	1			
Gerechtigkeit	11					11
Mitbestimmung	10					10
Gleichheit	8					8
Parlament	6	Bundestag	1			8
		Bürgervertretung	1			
Volk	3	Volksherrschaft	2			8
		Volksbestimmung	1			
		Volksfreund	1			
		Volkswohl	1			
Deutschland	5	BRD	1			7
		BDR	1			
Politik	5	Politiker	1			7
		Politikverdrossenheit	1			

Deutschland

Grundwort	n	Varianten	n	Ausdrücke	n	Σ
Nazis	9	Nazi	1			11
		Nazismus	1			
verrecke	9					9
Scheiße	3	Scheißland	1	Scheiß auf Grenzen	1	9
		Scheißstaatsform	1	Scheiß Drogenpolitik	1	
				Scheiß drauf	1	
				Scheiß Land	1	
Spießer	2	spießig	2	spießiges Bürgertum	1	7
		Spießerstaat	1			
		Spießertum	1			
Faschismus	3	Faschos	2			6
		Neofaschos	1			
Kohl	5			Birne Kohl	1	6
Hitler	2			Adolf Hitler	1	4
				Hitler du Wixer	1	
Haß	3					3

Das Wort ›Deutschland‹ wurde von 6,6% der Vpn genannt, und zwar überwiegend als negatives Wort. Bei der Befragung der allgemein-deutschen Bevölkerung wurde es hingegen von nur 2,2% der Probanden genannt, hier allerdings hauptsächlich als positives Wort. In der Hierarchie nimmt es im Punk-Diskurs eine Position im mittleren negativen Bewertungsbereich ein, und zwar durchschnittlich bei -42. 22mal wurde mit 0 bewertet, ebenso häufig auch mit -100, 13mal mit -50. Es läßt sich daher feststellen, daß das Wort entweder sehr stark negativ bewertet und damit auch gesehen wird oder aber daß es im neutralen Bereich um 0

liegt, was dann auf eine Gleichgültigkeit dieser Probanden dem Wort ›Deutschland‹ gegenüber schließen läßt.
Die Semantik des Wortes ist eindeutig negativ bzw. ablehnend ausgeprägt; die häufigste zur Charakterisierung herangezogene Komponente ist ›Nazis‹ (11mal), die durch die Komponenten ›Faschismus‹ (6mal) und ›Hitler‹ (4mal) ergänzt wird. Die an zweiter Position auftretende Komponente ›verrecke‹ (9mal) geht auf den Ausdruck ›Deutschland verrecke‹ zurück; da ›Deutschland‹ auf dem Fragebogen bereits abgedruckt war, wurde nur die Komponente ›verrecke‹ von den Vpn hinzugefügt. Der Ausdruck ›Deutschland verrecke‹ basiert wiederum auf dem Ausdruck ›Rotfront verrecke‹ und stellt eine ironische Umkehrung dieser von den Nazis verwendeten Parole dar. Positive Semantisierungskomponenten des Wortes ›Deutschland‹ treten überhaupt nicht auf. Das Profil des Wortes ist relativ flach und schmal, insgesamt handelt es sich um ein subkulturelles Symbol.

Drogen

Grundwort	n	Varianten	n	Ausdrücke	n	Σ
Hasch	8	Haschisch Cannabis	3 1	Hasch ja Hasch ist O.K. Hasch O.K. Hashh O.K. Rest: Haß Hasch rules Hasch und Alkohol O.K. Hasch O.K. Rest Scheiße	2 1 1 1 1 1 1	20
Tod	5	töten tot Totmacher	2 1 1	tote Freunde	1	10
Scheiße	5			scheiß auf die harten scheiß Junkies scheiß Pillenschlucker scheiß Spritzen	1 1 1 1	9
Abhängigkeit	5			Abhängigkeit nicht so toll	1	6
Spaß				Spaß haben	1	6
Heroin	2			Heroin ist Scheiße Heroin Scheiße Kokain Scheiße Heroin nein	1 1 1	5
gefährlich	4					4
Sucht	2	Suchtgefahr	1			3
Bier	3					3
Dope	3					3
Gras	3					3

Das Wort ›Drogen‹ wird von 11,8% der Befragten genannt, und zwar überwiegend als negatives Wort (von 9,2% der Vpn). Es handelt sich offenbar um ein wichtiges Wort innerhalb der Punk-Subkultur. In der Gruppe der Studenten taucht das Wort bei 4,6% der Probanden auf, hier wird es interessanterweise gleichermaßen sowohl als positives als auch als negatives Wort genannt (je 2,3% der Vpn). In der deutschen Bevölkerung allgemein erscheint es ebenso häufig wie bei den Studenten, nämlich bei 4,4% der Befragten, hier wird es aber ausschließlich als negatives Wort genannt. Was die Position in der Hierarchie betrifft, so wird es von den Punks durchschnittlich mit -4 bewertet, in der Differenzierung der Bewertungen lassen sich drei Kumulationspunkte feststellen: 20mal wird mit 0 bewertet, 16mal mit -100 und je 10mal mit +20 und +50. Es wird ein breites Meinungsspektrum sichtbar, eine eindeutige Einstufung des Wortes ist nicht gegeben.
Im semantischen Profil überwiegt eindeutig die Komponente ›Hasch‹ (20mal), sehr viel seltener wird die Komponente ›Heroin‹ (fünf mal) genannt. Das Profil ist relativ breit und tief, es handelt sich jedoch nicht um ein subkulturelles Symbol.

Ehrlichkeit

Grundwort	n	Varianten	n	Ausdrücke	n	Σ
wichtig	20	wichtiger	1	sehr wichtig wichtig zur Errichtung der Anarchie	3 1	25
Freunde	9	Freundschaft Freundin	4 1			14
Vertrauen	10	Vertrauensgrundlage	1			11
selten	7			zu selten	3	10
gut	4					4
schwierig	3					3
Treue	3					3

›Ehrlichkeit‹ wird von den Punks beinahe genauso häufig genannt wie von der deutschen Bevölkerung allgemein (10,5% zu 12,0%), und zwar übereinstimmend von beiden Gruppen als positives Wort. Von der studentischen Vpn-Gruppe wird das Wort zweimal seltener (5,7%), jedoch ebenfalls als positives Wort genannt. Durchschnittlich wird es von den Punks mit +73 bewertet, von der deutschen Bevölkerung allgemein mit +81. 45 Vpn aus der Punk-Szene bewerten es mit +100; 44 Vpn der allgemein-deutschen Gruppe bewerten es ebenfalls mit +100. Insgesamt läßt sich eine leichte Tendenz dahingehend feststellen, daß die Punks ›Ehrlichkeit‹ eindeutiger positiv bewerten als die allgemein-deutsche Bevölkerung. Die Punks bewerten ›Ehrlichkeit‹ überwiegend mit +100, während sich in der Einzelkultur allgemein eine Streuung im Bereich +80 bis +100 finden läßt.
Das semantische Profil des Wortes ist flach und schmal, es weist insgesamt nur 7 Komponenten auf. Dominierend ist die wertende Komponente ›wichtig‹ (25mal). Des weiteren bezieht sich die Charakterisierung des Wortes bei den Punks hauptsächlich, wenn nicht überhaupt auf den privaten Bereich, d.h. auf ›Freunde‹ (14mal). Die im einzelkulturellen Diskurs an zweiter Stelle auftauchende Komponente ›Wahrheit‹ fehlt hier gänzlich. Es handelt sich nicht um ein subkulturelles Symbol.

Ehrlichkeit (Einzelkultur)

Grundwort	n	Varianten	n	Ausdrücke	n	Σ
Vertrauen	24	Vertrauenswürdigkeit	1			25
Freundschaft	9	Freunde Freund	6 1	Grundvoraussetzung für Freundschaft	1	17
Wahrheit	16	Wahrheitsliebe	1			17
Aufrichtigkeit	14					14
Tugend	11					11
Offenheit	8					8
Treue	8					8
Mut	7					7
Gewissen	6					6
Zuverlässigkeit	4	zuverlässig	1			5
wichtig	5					5

Familie

Grundwort	n	Varianten	n	Ausdrücke	n	Σ
Kinder	11					11
Halt	4	Rückhalt Zusammenhalt	4 3			11
Streß	7	stressig	1			8
wichtig	7					7
Geborgenheit	6					6
Vater	3			Vater Mutter Vater Mutter Kind Vatermutterkind	1 1 1	6
nervt	2	nervig Nerv Nerven	2 1 1			6
Liebe	3	Lieben	1	Liebe, Vertrauen		5
Mutter	5					5
Streit	5					5
Ärger	4					4
Eltern	4					4
Scheiße	4					4
Weihnachten	3					3
Zwang	3					3

Das Wort ›Familie‹ wurde von den Punks selbst nicht bzw. seltener als fünf mal genannt. Im einzelkulturellen Diskurs nimmt das Wort hingegen einen hohen Stellenwert ein, es wird 49mal, und zwar als positives Wort genannt. Es wurde wiederum zu Vergleichszwecken in diese Untersuchung einbezogen. In der Hierarchie ist es bei den Punks im mittleren positiven Bereich, nämlich durchschnittlich bei +28 positioniert, im einzelkulturellen Diskurs liegt es viel höher, nämlich bei +65. Die Punks bewerten es 23mal mit 0, 13mal mit +10, es handelt sich um ein schwach positives Wort, das in der Punk-Subkultur von geringer Bedeutung zu sein scheint. Etwa 30% der Vpn der allgemein-deutschen Bevölkerung bewerten ›Familie‹ mit +100, in der Gruppe der Punks bewerten es ca. 30% mit 0, es handelt sich also vermutlich um ein einzelkulturelles Symbol, jedoch im Punk-Diskurs nicht um ein subkulturelles Symbol. Dafür spricht auch der Vergleich der semantischen Profile: Es zeigt sich nämlich, daß die von den beiden Gruppen angegebenen Profile sich weitgehend entsprechen. An erster Stelle taucht in beiden Fällen das Wort ›Kinder‹ auf. An zweiter Stelle stehen bei beiden Gruppen die Komponenten ›Halt‹, ›Rückhalt‹, ›Zusammenhalt‹. Daraus läßt sich schließen, daß im Falle von Wörtern, die für die Subkultur keine Bedeutung haben, weitgehend auf die Semantik des einzelkulturellen Diskurses zurückgegriffen wird, auch wenn eigentlich nach der Bedeutung des Wortes in der betreffenden Subkultur gefragt wurde. Das semantische Profil des Wortes ›Familie‹ weist im Punk-Diskurs allerdings auch negative Facetten auf, die im einzelkulturellen Diskurs nicht auftauchen, so die Komponenten ›Streß‹ (7mal), ›nervt‹ (6mal) und ›Scheiße‹ (4mal), was insofern interessant ist, als bei der hierarchischen Einstufung nur 7 Vpn das Wort negativ bewerten.

Familie (Einzelkultur)

Grundwort	n	Varianten	n	Ausdrücke	n	Σ
Kinder	38	Kind Kindergeld Kind Kindersegen	5 3 1 1	Familie mit Kind	1	49
Geborgenheit	24					24
Liebe	15					15
Sicherheit		sicher	1			14
Zusammenhalt	11	zusammen Zusammengehörigkeit Zusammensein	1 1 1			14
Eltern	10					10
Gemeinschaft	6	Gemeinsamkeit	3			9
Haus	4	Zuhause	4			8
Freude	6			Freude und Leid	1	7
Glück	7					7
Ehe	6					6
Frau	6					6
Geschwister	6					6
Schutz	6					6
Unterstützung	5					5

Freiheit

Grundwort	n	Varianten	n	Ausdrücke	n	Σ
Anarchie	8	anarchy	1			9
wichtig	7			wichtiges Menschenrecht	1	8
muß	2			muß sein muß erkämpft werden	2 1	5
Spaß	5					5
Leben	4					4
gibt's nicht	3					3
keine **Arbeit**	3					3
schön	3					3

›Freiheit‹ ist das mit 15,8% vierthäufigste Wort, von den Studenten und von der allgemeindeutschen Bevölkerung wird es geringfügig häufiger genannt (19,3% und 25,1%). In der Punk-Hierarchie nimmt es mit +95 die höchste Position ein, im einzelkulturellen Diskurs wird es durchschnittlich mit +88 bewertet. Bei beiden Gruppen weist es unter +80 fast keine Nennungen auf. Allerdings kann auch hier eine leichte Tendenz dahingehend festgestellt werden, daß die Punks ›Freiheit‹ insgesamt eindeutiger positiv bewerten als die deutsche Bevölkerung allgemein; so bewerten 78 Vpn (ca. 80%) der Punk-Szene es mit +100, während nur 63 Vpn (ca. 60%) der allgemein-deutschen Erhebung das Wort bei +100 einstufen. Es nimmt also bei den Punks insgesamt eine höhere Position ein.
Sehr interessant sind die Unterschiede im semantischen Profil des Wortes zwischen der Gruppe der Punks und der deutschen Bevölkerung allgemein. Bei den Punks wird es an erster Stelle mit ›Anarchie‹ (9mal) und den wertenden Komponenten ›wichtig‹ (8mal) und ›muß‹ (5mal) semantisiert, wogegen im einzelkulturellen Diskurs an erster Stelle ›Reisen‹ (20mal), des weiteren ›Unabhängigkeit‹ (15mal) und ›Demokratie‹ (15mal) stehen. Es ist festzustellen, daß die beiden semantischen Profile sich in keinem Punkt entsprechen. ›Freiheit‹ stellt in der Punk-Subkultur ein subkulturelles Symbol dar.

Freiheit (Einzelkultur)

Grundwort	n	Varianten	n	Ausdrücke	n	Σ
Reisen	17	Reise Reisefreiheit	1 1	Reisen leisten	1	20
Unabhängigkeit	9	unabhängig Ungebundenheit ungebunden Ungebundensein	2 2 1 1			15
Demokratie	15					15
Selbständigkeit	3	Selbstbestimmung Selbstverwirklichung selbstverantwortlich	4 4 1			12
Geld	9					9
Meinungsfreiheit	4	Meinung	1	freie Meinung freies Denken	1 1	7
Frieden	4	Friede	2			6
Urlaub	5			Urlaub in Spanien	1	6
Wahl	3	wählen Wahlmöglichkeiten	2 1			6
Auto	3	Autofahren	2			5
Glück	5					5

Freunde

Grundwort	n	Varianten	n	Ausdrücke	n	Σ
Spaß	22			Spaß haben	2	24
wichtig	14			wichtiger wie Familie	1	15
Party	8	*Feten* *feiern* Parties	2 2 1			13
braucht man	5			brauch man braucht jeder braucht man (Frau) braucht man nicht viele braucht jeder braucht man braucht man einfach	1 1 1 1 1 1 1	11
Vertrauen	10					10
Zusammenhalt	4	Rückhalt	3			7
saufen	6					6
Ehrlichkeit	5					5
reden	4					4
selten	3					3

Das Wort ›Freunde‹ wird relativ selten, nämlich von 9,2% der Vpn genannt: Genauso häufig nennen es die Probanden der allgemein-deutschen Befragung. Im Gegensatz hierzu wird es von den Studenten viel häufiger erwähnt, nämlich von 24% der Vpn. In der Bewertungshierarchie ist das Wort relativ hoch plaziert. Es liegt bei den Punks durchschnittlich bei +90, 64 Vpn (ca. 80%) bewerten es mit +100.
Was das semantische Profil anbelangt, so stehen an erster Stelle die Komponenten ›Spaß‹ (24mal), ›wichtig‹ (15mal) und ›Party‹ (13mal). Eine spezifisch subkulturelle Bedeutung ist damit gegeben, es handelt sich um ein subkulturelles Symbol.

Freundschaft

Grundwort	n	Varianten	n	Ausdrücke	n	Σ
wichtig	17	wichtigste	1	wichtiger als Sex	1	19
Vertrauen	17					17
Spaß	11			Spaß haben Spaß und Vertrauen	1 1	13
Ehrlichkeit	10			ehrlich sein		11
Zusammenhalt	9	zusammenhalten	1			10
Freunde	2	Freundin Freundinnschaft Freundschaft	1 1 1	Freunde wichtig	1	6
Liebe	5			Liebe/Treue	1	6
Hilfe	5					5
geil	3					3
Toleranz	3					3

Das Wort ›Freundschaft‹ wird von 10,5% der Punks und in der Einzelkultur von 13% der Vpn genannt. Auch dieses Wort wird von den Studenten stärker betont, 23% der Vpn dieser Gruppe nennen es. In der Hierarchie wird es von den Punks genauso bewertet wie ›Freunde‹, nämlich durchschnittlich mit +90. Im einzelkulturellen Diskurs steht es mit +89 fast an gleicher Position. ›Freundschaft‹ wird von 69 Vpn (78,4%) der Punk-Subkultur mit +100 und von 60 Vpn (57,7%) der allgemein-deutschen Erhebung mit +100 bewertet.
Die semantischen Profile in der Punk- und in der allgemein-deutschen Untersuchung entsprechen sich weitgehend. Dominant ist in beiden Fällen die Komponente ›Vertrauen‹ (17mal bei den Punks und 24mal in der Einzelkultur allgemein). In beiden Profilen tauchen weitgehend die gleichen semantischen Komponenten auf, wenn auch mit unterschiedlicher Gewichtung. Es handelt sich daher im Punk-Diskurs nicht um ein subkulturelles Symbol.

Freundschaft (Einzelkultur)

Grundwort	n	Varianten	n	Ausdrücke	n	Σ
Vertrauen	24					24
Freunde	5	Freude Freundin Kumpel Druzba Freund Freundschaftsspiel	2 2 2 1 1 1	gute Freunde	2	16
Liebe	16					16
Treue	14	Treuebruch	1			15
Hilfe	10	Hilfsbereitschaft helfen	2 1	Hilfe bekommen jeder hilft jedem	1 1	15
Ehrlichkeit	12					12
Gemeinsamkeit	4	Gemeinschaft Geselligkeit	3 1			8
Spaß	8					8
Partnerschaft	7					7
Geborgenheit	6					6
Freizeit	5					5
Unterstützung	5					5
wichtig	5					5

Frieden

Grundwort	n	Varianten	n	Ausdrücke	n	Σ
›kein‹				kein Blut kein Krieg kein töten keine Angst keine Armee keine Frage keine Gewalt keine Morde keine Waffen	1 1 1 1 1 1 1 1 1	9
schön	6			wäre schön	3	9
Bosnien	5			Bosnien/Serbien für Bosnien	1 1	7
Glück	6					6
Krieg	4			Kriegswixer in den Mixer	1	5
Ruhe	4					4
Toleranz	4					4
Utopie	4					4
wichtig	4					4
Anarchie	3					3
Freiheit	3					3
Liebe	3					3
Traum	3					3

Das Wort ›Frieden‹ wurde von den Punks selbst nicht genannt, es ist der Untersuchung wiederum zu Vergleichszwecken mit dem einzelkulturellen Diskurs hinzugefügt worden. In der Bewertungshierarchie wird es von den Punks hoch plaziert, bei +84. Es ist hier jedoch noch etwas niedriger als im einzelkulturellen Diskurs, wo es mit +96 bewertet wird. Was die Differenzierung der Bewertungen betrifft, so entspricht sich das Verhalten beider Gruppen weitgehend. Die meisten Nennungen finden sich jeweils bei +100 (60mal bei den Punks und 84mal in der Einzelkultur), unter +100 gibt es kaum Nennungen.
Die semantischen Profile von ›Frieden‹ in der Punk- und in der allgemein-deutschen Erhebung unterscheiden sich geringfügig. Das Profil des Wortes in der Punk-Szene ist relativ breit und flach. Im Profil desselben in der allgemein-deutschen Untersuchung werden wenig verschiedene Wörter zur Semantisierung herangezogen, hier ist es also relativ schmal. Im Punk-Profil dominieren die Komponenten ›kein‹ (9mal) und ›schön‹ (9mal), im deutschen Profil ›Sicherheit‹ (23mal) und ›Ruhe‹ (19mal). Insgesamt handelt es sich nicht um ein subkulturelles Symbol.

Frieden (Einzelkultur)

Grundwort	n	Varianten	n	Ausdrücke	n	Σ
Sicherheit	23					23
Ruhe	19					19
Krieg	5	kein Krieg keine Kriege	1 1	krieglose Epoche kalter Krieg Abwesenheit von Krieg	4 1 1	12
Freiheit	11					11
Taube	9					9
Glück	6	glücklich	1			7
Freude	7					7
Freundschaft	7					7
Gewaltlosigkeit	5					5
wichtig	5					5

Fuck

Grundwort	n	Varianten	n	Ausdrücke	n	Σ
fuck	5			fuck off	2	20
				fuck alles, was Scheiße ist	1	
				fuck da police	1	
				fuck off nazis	1	
				fuck you?	1	
				fuck Chirac	1	
				fuck everything	1	
				fuck fuck	1	
				fucker	1	
				fuckig	1	
				fuckin faces	1	
				fuckin shit	1	
				fucking	1	
				fuckoff	1	
Scheiße	7			Scheiße, blöd, dumm, fick	1	8
ficken	5	fiken	1	ficken ist geil	1	7
Chirac	5	Chiraque	1			6
geil	4	geiler	1	geiles Wort	1	6
Sex	5					5
Nazis	4					4
off	4					4
Spaß	4					4
you	4					4
bumsen	3					3
motherfucker	3					3
wen?	3					3

›Fuck‹ wurde von den Punks selbst ebenfalls nicht genannt, da es aber in den subkultureigenen Texten relativ häufig auftaucht, wurde es in die Untersuchung mit einbezogen, um die Semantik des Wortes zu eruieren. Es zeigt sich, daß das Wort positiv bewertet wird, nämlich durchschnittlich mit +38, und zwar von den jüngeren Probanden positiver als von den älteren (+45 zu +32). 29 Vpn allerdings bewerten ›Fuck‹ mit 0, 19 Vpn mit +100, negativ sehen es nur 4 Vpn.

Was die Semantik betrifft, so erklären 20 Nennungen das Wort durch sich selbst, indem es vielfach mit diversen präzisierenden Zusätzen versehen wird. 5mal taucht es als Grundform auf und 15mal als Variante oder Ausdruck. Das Wort wird also hauptsächlich durch sich selbst erklärt, an weiteren Stellen tauchen ›Scheiße‹ (8mal) und ›ficken‹ (7mal) auf. Deutlich ausgeprägt ist auch der Aktualitätsbereich: 6 Vpn nennen ›Chirac‹. Insgesamt handelt es sich nicht um ein subkulturelles Symbol.

Geld

Grundwort	n	Varianten	n	Ausdrücke	n	Σ
notwendig	5	nötig	3	notwendiges Übel	2	11
				nötig (leider)	1	
braucht man	2	brauchen	1	braucht man leider	2	10
				brauch man	1	
				brauch mehr davon	1	
				brauch nicht viel	1	
				brauch ich viel	1	
				braucht man immer	1	
›macht‹				macht Wahnsinn	2	10
				macht abhängig	1	
				macht die Welt kaputt	1	
				macht egoistisch	1	
				macht einiges aus	1	
				macht nicht glücklich	1	
				macht süchtig	1	
				macht vieles kaputt	1	
				macht nicht glücklich	1	
Macht	7					7
regiert die Welt	5					5
stinkt	3			stinkt nicht	2	5
Kommerz	4					4
Arbeit	3					3
Bier	3					3
CD's	3					3
leider wichtig	3					3

›Geld‹ wird von 10,5% der Vpn genannt. Bei den Studenten kommt es fast genauso häufig vor, hier nennen es 10,2% der Vpn. Von der deutschen Bevölkerung allgemein wird es viel häufiger genannt, nämlich von 30,6% der Vpn. In der Hierarchie taucht es bei den Punks im unteren positiven Bereich auf, es wird durchschnittlich mit +16 bewertet. Dabei fällt auf, daß die jüngeren Vpn es weniger positiv sehen als die älteren (+6 zu +24). Von der deutschen Bevölkerung allgemein wird es dagegen im mittleren positiven Bereich plaziert, bei +51. Die Frauen bewerten es hier mit +39, die Männer mit +60.
Die Semantik von ›Geld‹ kennzeichnen die Punks hauptsächlich durch die Komponenten ›notwendig‹ (11mal), ›braucht man‹ (10mal), ›macht...‹ (10mal). Im einzelkulturellen Diskurs dominiert die Komponente ›Macht‹ (34mal), gefolgt von ›Reichtum‹ (14mal) und ›Sicherheit‹ (13mal). Bei den Punks ist das Profil insgesamt sehr schmal, das Wort scheint von geringer Bedeutung zu sein, es handelt sich daher nicht um ein subkulturelles Symbol.

Geld (Einzelkultur)

Grundwort	n	Varianten	n	Ausdrücke	n	Σ
Macht	34					34
Reichtum	13	reich	1			14
Sicherheit	13					13
Arbeit	12					12
Luxus	12					12
Wohlstand	12					12
Freiheit	10					10
Unabhängigkeit	10					10
Konsum	9					9
Auto	8					8

Grundwort	n	Varianten	n	Ausdrücke	n	Σ
kaufen	5	Kauf Kaufkraft Kaufrausch	1 1 1			8
Armut	4	arm	1			5
Bank	2	Banken	1			5
Glück	4	glücklich	1			5
Erfolg	5					5

Hardcore

Grundwort	n	Varianten	n	Ausdrücke	n	Σ
Musik	6	Musikrichtung Musikkampf Musikstil	2 1 1	Musik kein Tekkno	1	11
Punk	4	Punkrock	1	Punk is besser Punk ist besser Punk ist meine Lieblingsmusik Punkrock ist besser	1 1 1 1	9
Krach	6	*kraftvoll* *Kreisch*	1 1			8
laut	6			lauter schneller härter	1	7
geil	4			geile Mucke geile Musik	1 1	6
hart	3	Härte härter	1 1	harter Kern	1	6
Kommerz	3					3
Party	3					3
Pogo	3					3

›Hardcore‹ wird von 8% der Vpn genannt, und zwar ausschließlich als positives Wort. In der Hierarchie ist es im mittleren positiven Bereich plaziert, durchschnittlich bei +33. Es wird in Schritt 1 der Untersuchung zwar ausschließlich als positives Wort genannt, bei der Bewertung in Schritt 2 geben jedoch 17 Vpn einen negativen Wert an. Im positiven Bewertungsbereich ist eine große Streuung zu verzeichnen, 16 Vpn bewerten es mit +100, 10 Vpn mit +50 und 12 Vpn mit 0.
Das semantische Profil ist äußerst schmal und relativ flach. An erster Stelle steht die erklärende Komponente ›Musik‹ (11mal). An zweiter Stelle die Komponente ›Punk‹ (9mal). Von Bedeutung sind auch die Komponenten ›Krach‹ (8mal), ›laut‹ (7mal) und ›hart‹ (6mal). ›Hardcore‹ bezeichnet innerhalb des Punk-Diskurses eine Musikrichtung, es hat jedoch keine spezifisch subkulturelle Bedeutung, und es handelt sich daher nicht um ein subkulturelles Symbol.

Haß

Grundwort	n	Varianten	n	Ausdrücke	n	Σ
Band	4	Punkband	2	gute Band	3	21
		die Band	1	geile Band	2	
		ne Band	1	Band, ist einigermaßen gut	1	
				coole Band	1	
				Gruppe ist geil	1	
				gute *Musikgruppe*	1	
				gute *Gruppe*	1	
				Musikgruppe	1	
				peinliche Deutschpunkband	1	
				war früher eine gute Band	1	
gegen				gegen Nazis	4	11
				gegen Faschos	2	
				gegen das System	1	
				gegen den Staat	1	
				gegen Kohl	1	
				gegen rechte Bullenschweine	1	
				gegen rechts	1	
Nazis	10					10
(Haß) auf				auf Nazis	2	9
				auf Bonzen	1	
				auf Bullen	1	
				auf die Gesellschaft	1	
				auf Wixer	1	
				auf die Kirche schon	1	
				auf Faschos	1	
				auf Verwandte	1	
Bullen	7					7
wichtig	3			wichtig, bei der richtigen Sache	1	5
				wichtiges Gefühl	1	
Gewalt	5					5
Gefühl	4					4
Scheiße	4					4
Wut	4					4
Bonzen	3					3
schlecht	3					3
Zerstörung	3					3

›Haß‹ wird zwar lediglich von 6,6% der Vpn in der Punk-Szene angegeben, dennoch kann aufgrund der speziellen subkulturellen Semantisierung von einem im Punk-Diskurs bedeutenden Wort ausgegangen werden. Demgegenüber nennen das Wort in der Studenten-Umfrage 13,6% der Vpn und in der allgemein-deutschen Erhebung 20,8% der Vpn. Alle drei Gruppen ordnen übereinstimmend ›Haß‹ dem negativen Bereich zu. Der Ausdruck liegt auf der Hierarchieskala bei den Punks im oberen negativen Bereich bei -12. Dabei soll die Tatsache erwähnt werden, daß Frauen es entscheidend negativer einschätzen (-31) als Männer, die ›Haß‹ im neutralen Bereich (0) lokalisieren. Allerdings fallen die Ergebnisse der Punks und der Einzelkultur hinsichtlich der Differenzierungskraft unterschiedlich aus. Bei den Punks finden sich zwei Konzentrationspunkte: 22 Vpn zeigen gegenüber ›Haß‹ eine neutrale Einstellung (0), und 17 Vpn schreiben ›Haß‹ den Wert von -100 zu. Dagegen konzentriert sich im einzelkulturellen Diskurs die Anzahl der Vpn im negativen Bereich bei -100 (44mal).

Beim Vergleich der semantischen Profile beider Gruppen zeigt sich, daß die Profile von ›Haß‹ unterschiedlich tief hinsichtlich der Grundwörter und unterschiedlich breit bezüglich der Ausdrücke sind. Bei der Semantisierung des Wortes fällt auf, daß es mit sehr wenigen

Varianten (4mal) und sehr vielen Ausdrücken (35mal) von den Punks beschrieben wird. Im Gegensatz dazu werden im einzelkulturellen Diskurs keine Ausdrücke, sondern überwiegend Grundwörter gebraucht. Das Wort ›Haß‹ wird von den Punks am häufigsten mit der Band ›Hass‹ assoziiert (21mal). Außerdem wird der Unterschied zur Einzelkultur durch das folgende Ergebnis deutlich: Punks grenzen sich vor allem von ›Staat‹ und bestimmten Personengruppen ab (Nazis – 10mal, Bullen – 7mal und Bonzen – 3mal). ›Nazis‹ und ›Bullen‹ treten bereits in Schritt 1 der Punk-Umfrage als negative Wörter mit jeweils 8 Nennungen auf. Darüber hinaus werden die negative Einstellung und klare Abgrenzung diesen Gruppen gegenüber durch die Wörter ›gegen‹ und ›auf‹ verstärkt. Im einzelkulturellen Diskurs wird ›Haß‹ außer der hohen Nennung von ›Ausländer‹ (15mal) relativ allgemein, d.h. als Rache, Zerstörung, Wut, Aggression und Dummheit beschrieben. ›Haß‹ als Gefühl oder Emotion wird von den Punks nur insgesamt 8mal erwähnt: ›Gefühl‹ (4mal) und ›Wut‹ (4mal). Die Opposition ›Liebe – Haß‹ (5mal) fehlt gänzlich bei der Semantisierung des Wortes durch die Punks. ›Haß‹, von den Punks im ersten Schritt selbst genannt und im dritten Schritt relativ breit semantisiert, stellt somit ein subkulturelles Symbol für die Punk-Subkultur dar, dessen Aktualitätsbereich (z.B. ›Band‹ und ›Nazis‹ bezogen auf die Gegenwart) stärker ausgeprägt ist als sein Kernbereich.

Haß (Einzelkultur)

Grundwort	n	Varianten	n	Ausdrücke	n	Σ
Gewalt	18					18
Ausländer	14	Ausländerfeindlichkeit	1			15
Feindschaft	6	Feind Feinde	6 1			13
Krieg	12					12
Rechte	4	Radikalismus rechtsradikal REP	2 1 1			9
Rache	8					8
Zerstörung	8					8
Wut	7					7
Aggression	5	Aggressivität	2			7
Skinhead	2	Skinheads Skins	2 2			6
Neid	6					6
Dummheit	5					5
Liebe	5					5
Nazis	5					5

Kirche

Grundwort	n	Varianten	n	Ausdrücke	n	Σ
Lügen	8	Lüge verlogen Lügner Lügenanstalt	3 3 2 1			17
Papst	8	Scheiße Papst Johann	7 1	Papst Gegensätze Jesus *Johannes Paul* halts Maul Scheiß Papst	1 1 1	12
nein	3			nein danke	3	6
Unterdrückung	5			Unterdrückung andersdenkender	1	6
Geld	2	Geldgeier Geldgier Geldinstitut Geldmacherei	1 1 1			5
Intoleranz	3	intolerant	2			5
langweilig	5					5
Kommerz	3			Kommerzfaktor Nr. 1	1	4
unnötig	3					3
Verdummung	3					3

Das Wort ›Kirche‹ wird im ersten Schritt der Punk-Umfrage von 7,9% der Vpn genannt und weicht hinsichtlich der Häufigkeit sehr stark von der studentischen Erhebung ab (1,1%). Übereinstimmend bewerten Punks wie Studenten ›Kirche‹ ausschließlich negativ. Anders fällt das Ergebnis der allgemein-deutschen Befragung aus: Von insgesamt 9,8% der Vpn ordnen 3,8% das Wort in den positiven und 6,0% der Vpn in den negativen Bereich ein. Eine weitere Differenz zeigt sich bei den Angaben auf der geordneten Hierarchieskala. ›Kirche‹ befindet sich bei den Punks im unteren negativen Bereich an der drittletzten Stelle mit -72. Im einzelkulturellen Diskurs wird das Wort nur mit -12 bewertet. Dabei sind bei den Punks und in der Einzelkultur unterschiedliche Konzentrationspunkte festzustellen. In der Punk-Szene überwiegt die Bewertung -100 (46 Vpn). Dagegen stufen im einzelkulturellen Diskurs nur 9 Vpn ›Kirche‹ bei -100 ein. Die Mehrheit der Vpn (32) plaziert ›Kirche‹ im Nullbereich. Zudem kann festgestellt werden, daß im Vergleich zwischen Punks und der Einzelkultur die Geschlechterdifferenzen unterschiedlich ausfallen. Während sich bei den Punks die Werte fast angleichen (Frauen -75, Männer -70), weichen sie in der Einzelkultur stark ab (Frauen -6 und Männer -16). Außerdem zeigt sich, daß in der allgemein-deutschen Umfrage die jüngeren Vpn ›Kirche‹ negativer sehen als die älteren (-21 zu -3).
Die Semantik bestätigt, daß es sich bei ›Kirche‹ um ein im Punk-Diskurs etabliertes Wort handelt, denn es unterscheidet sich deutlich von der Semantik der Einzelkultur. Das semantische Profil ist bei den Punks breiter als in der Einzelkultur. Ausdrücke werden in der allgemein-deutschen Umfrage im Gegensatz zu den Punks nicht angegeben. Die Punk-Szene grenzt sich klar von der Kirche und deren Vertreter, z.B. dem Papst ab. Darauf weisen die Bezeichnungen ›Lüge‹ (17mal), ›nein‹ bzw. ›nein danke‹ (6mal) und ›Unterdrückung‹ (6mal) hin. Das Wort ›Lüge‹ wird von den Punks in Schritt 1 nur zweimal genannt, ist aber in der Semantisierung von ›Kirche‹ mit Abstand das am häufigsten genannte Wort. ›Kirche‹ wird von den Punks auch durch die Gleichsetzung mit ›Kommerz‹ und ›Geld‹ als negativ eingestuft. ›Kommerz‹ wird von den Punks auf der Hierarchieskala bei -70 eingestuft. ›Geld‹ wird in der Hierarchie mit +16 bewertet, erhält jedoch später in der Semantisierung durch die Verbindung mit ›Kommerz‹ und die Varianten ›Geldgeier‹, ›Geldgier‹, ›Geldmacherei‹, ›Geldinstitut‹ eine Abwertung. In der Einzelkultur treten als Grundwörter ›Glaube‹ (30mal), ›Papst‹ (18mal), ›Religion‹ (15mal) und ›Gott‹ (8mal) in den Vordergrund. Aufgrund der die ›Kirche‹ als subkulturinternes Wort herausstellenden Kriterien, kann für ein eindeutig (negatives) subkulturelles Symbol entschieden werden.

Kirche (Einzelkultur)

Grundwort	n	Varianten	n	Ausdrücke	n	Σ
Glaube	25	Glauben Gläubige	4 1			30
Papst	18					18
Religion	15	Religionsgemeinschaft	1			16
Steuer	6	Steuern	5			11
Gott	8					8
Tradition	5	traditionell	1			6
Institution	5					5

Kommerz

Grundwort	n	Varianten	n	Ausdrücke	n	Σ
Geld	12	Geldmacherei Geldgeilheit Geldgier Geldverschwendung	3 1 1 1			18
Scheiße	14			Scheiße und das gleiche nochmal	1	15
Kapitalismus	4	Kapitalisten	1			5
MTV	4	MTVIVA	1			5
Ausbeutung	5					5
Ärzte	4					4
Green Day	4					4
Weihnachten	4					4
Bonzen	3					3
Gier	3					3
Tote Hosen	3					3
Werbung	3					3

Das Wort ›Kommerz‹ nennen zwar nur 6,6% der Vpn der Punk-Szene, in der Studenten- und allgemein-deutschen Untersuchung gehört es jedoch zu einem der Wörter, die kaum erwähnt werden. Auf einen Vergleich der semantischen Profile von ›Kommerz‹ zwischen Punks, Studenten und Einzelkultur muß somit verzichtet werden.
Auf der Hierarchieskala wird ›Kommerz‹ von den Punks im unteren negativen Bereich bei -70 plaziert. ›Kommerz‹ wird häufig mit dem Wort ›Scheiße‹ in Verbindung gebracht (15mal). ›Scheiße‹ wird bereits in Schritt 1 als negatives Wort genannt. Auch in Schritt 2 und 3 wird eine Übereinstimmung der Vpn festgestellt. Es zeigt sich, daß hinsichtlich der Differenzierungskraft ein besonders markanter Punkt bei -100 (40mal) liegt. Erwähnenswert ist der Unterschied zwischen jüngeren und älteren Vpn, obgleich er nicht extrem ausfällt: Die jüngeren Vpn bewerten Kommerz negativer (-79) als die älteren (-61).
Das semantische Profil des Wortes ›Kommerz‹ ist bei den Punks sehr tief, aber gleichzeitig auch schmal. ›Geld‹ (18mal) wird hier nur im negativen Sinne benutzt. Interessant ist, daß sich umgekehrt bei der Semantisierung von ›Geld‹ das Wort ›Kommerz‹ wiederfindet. Geld wird analog zur Semantisierung von ›Kirche‹ mit ›Geldmacherei‹, ›Geldgier‹ und ›Geldgeilheit‹ verbunden. Zudem fällt auf, daß ›Kommerz‹ mit ›Kapitalismus‹, ›Ausbeutung‹ und ›Gier‹ gleichgesetzt wird. Es soll auch darauf hingewiesen werden, daß ›Kommerz‹ mit der Musikszene in Beziehung gesetzt wird (MTV, Tote Hosen, Ärzte). Die Bandnamen *Tote Hosen* und *Ärzte* werden im ersten Schritt 1mal genannt, MTV insgesamt 4mal. Aufgrund dieser Kriterien handelt es sich hier um ein subkulturelles Symbol.

Krieg

Grundwort	n	Varianten	n	Ausdrücke	n	Σ
Tod	20	Tote töten tötet	2 2 1	Tod Geld Trauer	1	26
Bosnien	8	*Jugoslawien* Bosnia *(Jugoslawien)* *Jugo-land* *Sarajevo*	3 1 1 1 1			15
Scheiße	12					12
Zerstörung	4	zerstört	1	zerstört die Welt	1	6
Mord	4	Mörder	1			5
Leid	5					5
Angst	3					3
Haß	3					3
Macht	3					3
Schmerz	3					3
Soldaten	3					3
überall	3					3

›Krieg‹ ist kein nur der Punk-Szene eigenes Wort, es lassen sich keine markanten Abweichungen feststellen. Dennoch ist es ein sehr oft genanntes Wort, die Häufigkeit der Nennungen bei allen drei Gruppen ist auffällig hoch. ›Krieg‹ steht im negativen Bereich hinsichtlich der Häufigkeit bei den Punks mit 13,2% der Vpn an dritter Stelle. Bei den Studenten wird das Wort von 25% der Vpn und in der allgemein-deutschen Umfrage von 39,9% der Vpn genannt. Weitgehende Übereinstimmung herrscht auch zwischen Punks und Einzelkultur bezüglich der geordneten Hierarchie. Bei den Punks findet sich das Wort bei -86 an vorletzter Stelle, im einzelkulturellen Diskurs wurde es mit -92 bewertet. Der Schwerpunkt in der Differenzierung liegt sowohl im Punk- als auch einzelkulturellen Diskurs bei -100 (68 Vpn bei den Punks und 83 Vpn in der Einzelkultur).
›Krieg‹ wird sowohl im Punk- als auch im einzelkulturellen Diskurs eindeutig negativ bewertet. Die semantischen Profile des Wortes entsprechen sich in beiden Untersuchungen weitgehend. Beide sind sehr tief und relativ schmal und werden mit dem Wort ›Haß‹ semantisiert. Die Verbindung ›Haß-Krieg‹ ist in der Einzelkultur besonders eng, denn ›Haß‹ wird sehr häufig in der Semantisierung von ›Krieg‹ genannt (15mal). Umgekehrt tritt ›Krieg‹ häufig bei der Semantisierung von ›Haß‹ auf. Bei den Punks ist ›Haß‹ ein subkulturelles Symbol, in dessen Semantisierung ›Krieg‹ nicht vorkommt. ›Haß‹ wird in der Semantisierung von ›Krieg‹ nur 3mal genannt. ›Krieg‹ wird bei beiden Gruppen u.a. durch ›Zerstörung‹, ›Leid‹, ›Angst‹ und ›Macht‹ definiert. Auffällig ist die aktualisierende Komponente ›Bosnien‹ sowohl bei den Punks als auch in der Einzelkultur. Sie wird bei den Punks besonders häufig genannt (15mal). Das Wort ›Scheiße‹, das im einzelkulturellen Diskurs nicht vorhanden ist, taucht bei den Punks 12mal auf. Die dem einzelkulturellen Diskurs entstammende Opposition ›Krieg – Frieden‹ fehlt dagegen im Punk-Diskurs. Es liegen demnach keine Gründe vor, ›Krieg‹ als subkulturelles Symbol anzusehen.

Krieg (Einzelkultur)

Grundwort	n	Varianten	n	Ausdrücke	n	Σ
Tod	40	Tote tot töten tötend Tötung	7 1 1 1 1			51
Zerstörung	18					18
Haß	15					15
Gewalt	10					10
Waffen	10					10
Vernichtung	5	Vertreibung Verwüstung	2 2			9
Elend	9					9
Leid	9					9
Angst	8					8
Armut	8					8
Grausamkeit	4	grausam Grausamkeiten Greuel	1 1 1			7
Soldaten	4	Soldat Söldner	2 1			7
Blut	6					6
Bomben	6					6
Bosnien	5					5
Hunger	5					5
Atom	2	Atombombe Atomwaffen	2 1			5
Frieden	3	Friede kein Frieden	1 1			5
Macht	3	Machtkampf	2			5

Leben

Grundwort	n	Varianten	n	Ausdrücke	n	Σ
Spaß	9	*fun*	3	Spaß, Spaß, Spaß	1	13
Sterben	6	Tod tot	4 1			11
Liebe	4	Lieben	4			8
schön	7					7
Freiheit	6					6
Musik	5					5
genießen	3	Genuß	1	genieße es	1	5
Kampf	3	kämpfen	2			5
Punk	4	Punkrock	1			5
Freunde	3					3

›Leben‹ wird von allen drei Gruppen relativ selten genannt, und zwar in der Punkumfrage von 7,9%, in der Studentenerhebung von 4,6% und in der allgemein-deutschen Umfrage von 8,2% der Vpn. Dennoch zeigen die weiteren Ergebnisse der Erhebung, daß es sich um ein im Punk-Diskurs wichtiges Wort handelt. Es ist eindeutig von allen Gruppen als positives Wort bestimmt worden. In der Hierarchieskala wird bei den Punks der Wert +57 im mittleren positiven Bereich festgestellt. Weitere Daten aus der einzelkulturellen Umfrage liegen zum Vergleich nicht vor. Ein markanter Konzentrationspunkt in der Differenzierungskraft befindet sich bei den Punks bei +100 (38mal), der zweite bei 0 (15mal). Auffällig ist, daß ›Leben‹ sehr stark vernetzt ist. Es wird überwiegend durch Grundwörter semantisiert, die im Punk-Diskurs zu den subkulturelles Symbolen zählen (Spaß, Freiheit, Musik, Punk, Freunde) und bereits im ersten Schritt der Untersuchung als positive Wörter am häufigsten genannt werden. Hinsichtlich der Varianten und Ausdrücke ist das semantische Profil sehr flach. Erwähnenswert ist, daß die Opposition ›Leben – Sterben‹ bzw. ›Tod‹ auftritt. ›Sterben‹ steht in der Semantisierung mit 11 Nennungen an zweiter Position. Aufgrund der für die Punk-Subkultur charakteristischen Bezeichnungen in der Semantisierung handelt es sich hier um ein subkulturelles Symbol.

Liebe

Grundwort	n	Varianten	n	Ausdrücke	n	Σ
Freundin	6	Freunde Freunde/innen Freundschaft	1 1 1	nur meine Freundin meine Freundin siehe Freunde	1 1 1	12
Sex	11			Sex (gehört dazu)	1	12
wichtig	9					9
Vertrauen	8					8
schön	6					6
Zärtlichkeit	5					5
Geborgenheit	4					4
Treue	4					4
Ehrlichkeit	3					3
ficken	3					3
Schmerz	3					3

›Liebe‹ ist für alle drei Gruppen von großer Bedeutung. Es wird von 23,7% der Punks genannt und steht damit bei den Punks von allen positiven und negativen Wörtern an erster Stelle. Mit hoher Häufigkeit wird es von den anderen Gruppen angegeben: Bei den Studenten nennen es 38,6% der Vpn und in der Einzelkultur 35,5% der Vpn. Übereinstimmung herrscht auch in der Hierarchieskala. ›Liebe‹ wird von den Punks im oberen positiven Bereich bei +81 eingestuft und in der Einzelkultur mit +87, bewertet. Im positiven Bereich der Differenzierungskraft sind die Werte sehr ähnlich und konzentrieren sich hauptsächlich auf +100 (56mal Punks, 59mal Einzelkultur) und +80 (8mal Punks, 15mal Einzelkultur). Die semantischen Profile des Wortes ›Liebe‹ in der Punk- und in der allgemein-deutschen Untersuchung entsprechen sich weitgehend. Beide zeichnen sich durch eine Vielzahl von Grundwörtern und wenigen Ausdrücken und Varianten aus. Sowohl bei den Punks als auch in der Einzelkultur steht ›Sex‹ (Punks 12mal, Einzelkultur 25mal) an erster Stelle, gefolgt von ›Freundin‹ (Punks 12mal, Einzelkultur 16mal) und ›Vertrauen‹ (Punks 8mal, Einzelkultur 20mal). ›Sex‹ steht bei den Punks bereits im ersten Schritt an zweiter Stelle im positiven Bereich (15mal), ›Freundin‹ und ›Vertrauen‹ werden jeweils 4mal genannt. Die Komponenten ›Familie‹, ›Partnerschaft‹ und ›Kinder‹ fehlen bei den Punks im Gegensatz zur Einzelkultur gänzlich in der Semantisierung. Das von den Punks im ersten Schritt und in der Semantisierung von ›Liebe‹, ›Fuck‹, ›Sex‹ und ›Spaß‹ genannte Wort ›ficken‹, ist dem einzelkulturellen Diskurs nicht zu entnehmen. Da insgesamt keine spezifische subkulturelle Bedeutung gegeben ist, stellt ›Liebe‹ kein subkulturelles Symbol dar.

Liebe (Einzelkultur)

Grundwort	n	Varianten	n	Ausdrücke	n	Σ
Sex	24	Sexualität	1			25
Vertrauen	19			absolutes Vertrauen	1	20
Freundin	8	Freund Freunde Freundschaft	1 2 5			16
Glück	12	glücklich	1			13
Partnerschaft	7	Partner Partnerin	4 1			12
Ehe	11					11
Familie	11					11
Treue	10					10
Liebe	4	Liebelei	1	käufliche Liebe körperliche Liebe platonische Liebe seelische Liebe wa(h)re Liebe	1 1 1 1 1	10
Geborgenheit	9					9
Zuneigung	9					9
Gefühl	4	Gefühle	2			6
Wärme	5					5
Zärtlichkeit	5					5
Kinder	3	Kind	2			5

Musik

Grundwort	n	Varianten	n	Ausdrücke	n	Σ
Punk	30	Punkrock	7	Punkrock ist geil Punk rules	1 1	39
Leben	3	Lebensgefühl Lebensinhalt lebenswichtig Lebensdefinition Lebenseinstellung Lebenselexier lebensnotwendig lebendig	4 2 3 1 1 1 1 1	mein Leben mein Leben ohne gehts nicht Soundtrack für's Leben meines Lebens	1 1 1 1	21
Spaß	12					12
wichtig	8			wichtiger Bestandteil wichtiger Bestandteil meines Lebens	1 1	10
laut	7					7
Oi	7					7
Hardcore	4	hart hc-punk	1 1			6
Pogo	6					6
Ausdruck	2	Ausdrucksmittel ausdrucksstark	1 1			4
Gitarre	4					4
Politik	3					3

›Musik‹ wird bei den Punks mit 11,8%, bei den Studenten mit 15,9% und in der Einzelkultur nur mit 6,6% genannt. Bei den Punks handelt es sich in der Hierarchie um die zweithöchste positive Wertung (+92). Die positive Einstellung der Punks gegenüber ›Musik‹ wird in der Semantik durch ›wichtig‹ (10mal) unterstrichen. Es gibt einen auffälligen Schwerpunkt bei +100 (66mal). Das semantische Profil des Wortes ist sehr tief und breit, es weist eine Vernetzung mit drei anderen subkulturellen Symbolen (Punk, Spaß, Leben) auf. ›Punk‹ wird in der Semantisierung an erster Stelle genannt (39mal). Zudem wird ›Musik‹ durch ›Leben‹ definiert. Eine insgesamt hohe Anzahl (21mal) und relativ viele dazugehörige Varianten, z.B. ›Lebensgefühl‹, ›Lebensinhalt‹, und Ausdrücke sind auffällig. In dem semantischen Profil des Wortes tauchen darüber hinaus Grundwörter auf, die auch auf eine subkulturelle Bedeutung hinweisen: ›Pogo‹, ›Oi‹, ›Hardcore‹. Es handelt sich um ein im Punk-Diskurs eindeutig wichtiges subkulturelles Symbol.

Nazis

Grundwort	n	Varianten	n	Ausdrücke	n	Σ
dumm	11	Dummheit Dummbaxe dümmer	4 1 1	dumme Kinder	1	18
Scheiße	13					13
raus	7					7
Arschlöcher	6					6
fuck	1	fuckoff	1	fuck off fuck you fuck Faschos	2 1 1	6
Idioten	5			hirnlose Idioten	1	6
Faschismus	1	Faschos	2	Nazi-Skins Nazis verpisst euch	1 1	5
Hirnamputierte	1	hirnlos Hirnlose Hirntod	1 1 1			4
braun	2			braune Idioten braunes Pack	1 1	4
Haß	4					4
Hitler	3			Hitler fuck	1	4
Abschaum	3					3
bekämpfen	3					3
Mitläufer	3					3

Das Wort ›Nazis‹ wird bei den Punks von 10,5% genannt und im Gegensatz dazu bei Studenten nur von 1,1% und in der Einzelkultur nur von 1,6% vermerkt. Was die Hierarchie betrifft, haben ›Nazis‹ in der Punkumfrage den höchsten negativen Wert (-91). In der Differenzierungskraft liegt der Schwerpunkt eindeutig bei -100 (78mal). Vergleichsmaterial zur Einzelkultur ist nicht vorhanden. Das Wort ›Nazis‹ steht in der Hierarchieskala im negativen Bereich an höchster Stelle (-91). Die Semantisierung von ›Nazis‹ wird durchgehend von Ausdrücken mit pejorativer Bedeutung bestimmt (Arschlöcher, fuck, Hirnamputierte, Abschaum). Die zwei am häufigsten genannten Wörter ›dumm‹ (18mal) und ›Scheiße‹ (13mal) weisen auf die strikt negative Einstellung und ablehnende Haltung der Punks ›Nazis‹ gegenüber hin. Die Punk-Szene grenzt sich nicht nur von ›Nazis‹ ab, sie erklärt sie mit dem Imperativ ›bekämpfen‹ (3mal) sogar zum Feindbild. Zum einen wird die politisch-historische Komponente (Faschismus, Hitler und braun) angesprochen und durch eindeutige Wertungen ergänzt: ›fuck Faschos‹, ›Hitler fuck‹, ›braune Idioten‹. Zum anderen bezieht sich die Semantisierung von ›Nazis‹ auf die Gegenwart (z.B. raus, verpisst euch). Das einzige subkulturelle Symbol in der Semantisierung ist ›Haß‹, umgekehrt findet sich in der Semantisierung von ›Haß‹ das Wort ›Nazis‹ 10mal wieder. Dem Wort ›Nazis‹ wird eine stark subkulturelle Bedeutung zugeschrieben, es handelt sich um ein subkulturelles Symbol.

Oi!

Grundwort	n	Varianten	n	Ausdrücke	n	Σ
Skinhead	2	Skins	5	Skinhead sein	1	15
		Skinheads	1	Skins Punk	1	
		Sharp	1	Sharp Skin	1	
		Sharpskins	1	Red Skins sind O.K.	1	
				Wiesloch Punk Skin	1	
Oi	7	Oikalyptus	1	Oi Musik auch (zum Teil)	1	14
		Oiter	1	Oi Oi Oi	1	
		Streetpunk	1	Oi Oi Oi Oi	1	
				oiserst hart	1	
Spaß	10	*fun*	3			13
Musik	7	Musikrichtung	1	musikbezogene Lebenseinstel-		10
		Musikstil	1	lung	1	
geil	7					7
unpolitisch	7					7
saufen	5			saufen bis zum Untergang	1	6
Pöbel &	1			Pöbel und Gesocks	2	5
Gesocks				Pöbel Gesocks	1	
				Pöbel und Gesöcks	1	
Punk	1			Punks Skins together	1	5
				Punx and Skins	1	
				Punx not dead	1	
				Punx united?	1	
Bier	5					5
Party	5					5
Glatze	1	Glatzen	2			4
		Glatzköpfe	1			
gut	3					3

›Oi‹ wird von den Punks nur einmal genannt, wurde dennoch aufgrund seines häufigen Vorkommens in den subkultureigenen Texten in die Untersuchung einbezogen. Auf der Hierarchieskala wird das Wort im unteren positiven Bereich mit +18 bewertet. Auf der Differenzierungskraft-Skala sind die Nennungen zerstreut: bei +50 (15mal), bei 0 (15mal) und -100 (8mal). Die Nennungen überwiegen allerdings im positiven Bereich. ›Oi‹ wurde am häufigsten von den jüngeren Vpn positiv bewertet. Bei den jüngeren beträgt die Zahl 28%, bei den älteren nur 8%. ›Oi‹ wird mit anderen Wörtern, die als subkulturelle Symbole (Spaß, Musik, Punk, Bier) eingestuft werden, vernetzt. An der ersten Stelle wird ›Skinhead‹ (15mal) in der Semantisierung erwähnt. Dagegen wird ›Skinhead‹ im ersten Schritt nur einmal angeführt. Die Ausdrücke zu dem Grundwort ›Punk‹ weisen Varianten wie ›Skins Punk‹, ›Punks Skins together‹ und ›Punks not dead‹ auf. ›Oi‹ wird – als ein Insider-Wort – der ›Musik‹ (10mal), der Band *Pöbel und Gesocks* (5mal) und dem ›Punk‹ (5mal) zugeordnet. Aufgrund der geringen Nennhäufigkeit des Wortes ›Oi‹ und dem nicht eindeutigen Differenzierungsverhalten wird es nicht als subkulturelles Symbol betrachtet.

Party

Grundwort	n	Varianten	n	Ausdrücke	n	Σ
Spaß	19	*fun*	3	Spaß haben Spaß'freunde Spaß Schnapsleichen	1 1 1	25
saufen	19			saufen rauchen saufen/rauchen saufen und Sex	1 1 1	22
Bier	12					12
Musik	11					11
Punk	4	Punkrock Punkmucke Punk-konzerte	1 1 1	punk'n'roll Punk Partys sind am besten Punk Rock	1 1 1	10
Freunde	7	*friends*	1	Freunde treffen	1	9
Alkohol	7					7
geil	5			geile Mucke	1	6
Pogo	1	Pogofete	1	pogen & diven	1	5
Sex	4					4
gut	3					3
kiffen	3					3

›Party‹ wird – ähnlich wie ›Oi‹ – selten, und zwar insgesamt nur 3mal von den Punks genannt. In der Hierarchieskala wird das Wort im oberen positiven Bereich mit +72 bewertet. Der Schwerpunkt im Differenzierungskraftverhalten liegt bei +100 (38mal). ›Party‹ wird von den Punks eindeutig positiv bewertet. Das semantische Profil des Wortes ist breit und tief. Es ist eine breite Vernetzung mit anderen Wörtern, die zu den subkulturellen Symbolen in der Punk-Szene erklärt werden, zu beobachten. Die Semantisierung von ›Party‹ wird durch ›Spaß‹ (25mal) bestimmt. Fast genauso oft werden ›saufen‹ (22mal) und ferner ›Bier‹ (12mal), ›Musik‹ (11mal) und ›Punk‹ (10mal) genannt. Wie im ersten Schritt werden ›Bier‹ (10mal) und ›Alkohol‹ (6mal) getrennt und ›Bier‹ (12mal) in der Semantisierung gegenüber ›Alkohol‹ (7mal) häufiger genannt. Da das Wort in Schritt 1 nur 3mal genannt wurde, kann es trotz der Breite des semantischen Feldes nicht als subkulturelles Symbol klassifiziert werden.

Politiker

Grundwort	n	Varianten	n	Ausdrücke	n	Σ
Lügner	11	Lügen verlogen	5 5			21
Kohl	4	Kohlköpfe kohlruppt Kohlscheiße Helmut	1 1 1 1	Kohl »kopf« (Birne) Kohl ist hohl Hannelore Kohl sage nur Kohl (ha ha)	1 1 1 1	12
korrupt	7	Korruption	3	korrupte Scheißer	1	11
Geld	1	Geldgeier geldgeil geldgierig Geldgier Geldsäcke Geldverschwender	1 1 1 1 1 1			8
Diäten	3	Diätenerhöhung Diätenerhöhungen	2 1			6
fett	5			fette Schweine	1	6
Heuchler	5	Heuchelei	1			6
Arschloch	2	Arschlöcher Ärsche	2 1			

Grundwort	n	Varianten	n	Ausdrücke	n	Σ
Betrüger	4					4
Idioten	4					4
Macht	4					4
Scheiße	4					4
Marionetten	3					3
Mörder	3					3

Das Wort ›Politiker‹ wird in der Punk-Szene als häufigstes negatives Wort von 22,4% der Vpn genannt. Dagegen wird es bei den studentischen Vpn nur von 2,3% und in der deutschen Umfrage von 2,0% der Vpn genannt. Es wird von allen drei Gruppen im ersten Schritt dem negativen Bereich zugeordnet, doch nur von den Punks auch weiterhin stark negativ bewertet. Während ›Politik‹ in der Einzelkultur in der Hierarchieskala mit +3 bewertet wird, erhält ›Politiker‹ in der Punk-Umfrage die Bewertung -64. Der Konzentrationspunkt bei den Punks liegt bei -100 (37mal), in der deutschen Umfrage dagegen bei 0 (29mal), wobei hier die Tatsache berücksichtigt werden muß, daß es sich im einzelkulturellen Diskurs nicht um ›Politiker‹, sondern um ›Politik‹ handelt.
Die allgemein-deutsche Bevölkerung semantisiert ›Politiker‹ durch andere Wörter aus diesem Bereich: Parteien, Wahlen, Regierung. Bei den Punks tritt nur ein Grundwort mit Aktualitätsbezug in der gleichen Anzahl wie in der allgemein-deutschen Erhebung (›Diäten‹, 6mal) aus dem politischen Diskurs auf. ›Politiker‹ stimmt teilweise mit der Semantisierung von ›Kirche‹ im Punk-Diskurs überein: Als erstes wird das Wort ›Lügner‹ (21mal) erwähnt. Analog zu ›Papst‹, als dem Repräsentanten der Kirche, wird Kohl als Politiker genannt. Die negative Einstellung gegenüber ›Politiker‹ wird bei Punks durch Schimpfwörter wie ›fette Schweine‹, ›Arschlöcher‹ und ›korrupte Scheißer‹ verstärkt. Anschließend wird das Wort ›Politiker‹ in eine Beziehung zu ›Geld‹ (8mal) gesetzt, das wie bei ›Kirche‹ durch eindeutig wertende Varianten (z.B. ›Geldgeier‹, ›Geldgier‹) erweitert wird. In beiden Untersuchungen kommt ›Macht‹ und ›Korruption‹ bei der Semantisierung von ›Politiker‹ bzw. ›Politik‹ vor. Das semantische Profil von ›Politiker‹ bei den Punks ist breit und tief, es werden 14 verschiedene Grundwörter mit entsprechenden Varianten und Ausdrücken genannt. Es handelt sich um ein in der Punk-Szene wichtiges subkulturelles Symbol.

Politik (Einzelkultur)

Grundwort	n	Varianten	n	Ausdrücke	n	Σ
Parteien	19	Partei CDU SPD FDP	3 2 2 1			27
Macht	15	mächtig	1			16
Wahlen	10	Wahl Wahlkampf Wahlversprechen	3 1 1			15
Korruption	9	korrupt	1			10
Politiker	9					9
Regierung	6	regieren Regierungsmittel	1 1			8
Bundestag	6	Bundestagsdebatte	1			7
Demokratie	7					7
Kohl	7					7
Diäten	6					6

Punk

Grundwort	n	Varianten	n	Ausdrücke	n	Σ
Leben	5	Lebenseinstellung	6	Leben Freiheit	1	25
		Einstellung	3	Lebenseinstellung für viele	1	
		Lebensgefühl	3			
		Lebensstil	2			
		Lebensinhalt	1			
		Lebensphilosophie	1			
		Lebensweise	1			
		lebenswichtig	1			
Musik	12	Musikrichtung	1			14
		Musikstil	1			
Spaß	10			Spaß ohne Ende	1	12
				Spaß mit Kumpels	1	
's not dead	2			für immer Punk	2	9
				ohne Pseudopunk	1	
				Punkrock cool	1	
				Punks not dead	1	
				Sex drug's and punk'nroll	1	
				syph-dumm-pseudo & Prollpunks	1	
Anarchie	4	Anarchismus	1			5
Chaostage	4	Chaos-tage	1			5
geil	4			geile Leute	1	5
saufen	4					4
Kult	3					3
Party	3					3
Pogo	3					3
Sid Vicious	3					3

Das Wort ›Punk‹ wird im Punk-Diskurs von 13,2% der Vpn genannt, davon geben 10,5% den positiven Bereich und 2,6% den negativen Bereich an. Die Studenten erwähnen das Wort nicht. In der allgemein-deutschen Umfrage tritt es bei nur 0,6% der Vpn auf. Das Wort steht mit +81 im oberen positiven Bereich. Es wird breit semantisiert. ›Punk‹ umfaßt nicht nur ›Musik‹, ›Party‹ und ›saufen‹, ähnlich wie in dem semantischen Profil von ›Musik‹ wird ›Punk‹ mit ›Lebenseinstellung‹ und ›Lebensinhalt‹ in Verbindung gebracht. Das Wort ›Leben‹ (25mal) nimmt in der Semantisierung nicht nur die erste Position ein, sondern hat mit Abstand, im Vergleich zu anderen Nennungen in der Semantisierung, die größte Nennhäufigkeit. Des weiteren bestimmen auch die zahlreichen für die Punk-Szene typischen Ausdrücke, z.B. ›Punk's not dead‹ die Semantisierung des Wortes ›Punk‹. Ergänzt wird ›Punk‹ durch ›Anarchie‹ und ›Chaostage‹. Die Breite des semantischen Feldes sowie die eindeutig positive Bewertung des Wortes im Punk-Diskurs macht ›Punk‹ zu einem subkulturellen Symbol.

Sex

Grundwort	n	Varianten	n	Ausdrücke	n	Σ
Spaß	13			macht Spaß	7	20
schön	9	schöner	1	schöner Spaß	1	13
		schöööön	1			
		schööööööööön	1			
Liebe	7	love	3			10
ficken	8					8
geil	6					6

Grundwort	n	Varianten	n	Ausdrücke	n	Σ
Orgasmus	4	orgasmisch Orgasmusschwierigkeiten	1 1			6
Aids	5					5
lebensnotwendig	3	Lebensnotwendigkeit	1			4
blasen	3					3
Lust	3					3
wichtig	3					3

Das Wort ›Sex‹ wird bei den Punks von 21,1%, bei den Studenten von 12,5% und in der allgemein-deutschen Umfrage von 3,3% der Vpn genannt. Nur die Studenten haben es einstimmig dem positiven Bereich zugeschrieben. Von den Punks haben es 1,32% und in der Einzelkultur 1,09% der Vpn negativ eingeordnet. In der geordneten Hierarchie der Punks nimmt das Wort den 10. Platz mit der Wertung +76 ein. In der Differenzierungskraft-Skala der Punk-Szene wird es eindeutig im positiven Bereich definiert (nur Nennungen im Nullbereich, keine im negativen Bereich), mit der höchsten Nennung bei +100 (43). ›Sex‹ wird eindeutig als positives Wort eingestuft. Es steht gleich nach ›Punk‹ mit dem Wert +76. Das semantische Profil von ›Sex‹ ist relativ schmal und flach. Es wird durch Adjektive und Adverbien: ›geil‹, ›schön‹, ›lebensnotwendig‹ und ›wichtig‹ definiert. Die Komponente ›Spaß‹ tritt am häufigsten auf (20mal). ›Liebe‹ steht an der dritten Stelle mit 10 Nennungen. ›Spaß‹ und ›Liebe‹ sind die einzigen subkulturellen Symbole, mit denen ›Sex‹ vernetzt ist. Die aktualisierende Komponente ›Aids‹ wird 5mal erwähnt. ›Sex‹ ist kein im Punk-Diskurs auftretendes subkulturelles Symbol.

Sexismus

Grundwort	n	Variante	n	Ausdrücke	n	Σ
Scheiße	15	scheißegal	1	Scheiße wenn – für Geld Scheiß pseudo Scheiß autonome	1 1 1	19
frauenfeindlich	5	Frauenpower Frauen	1 1	Frau Mann Frauen in die Küche Frauen als Sexobjekt sehen	1 1 1	10
Pornos	2	por-no Porno	1 1			4
Männer	4					4
Aids	3					3
Diskriminierung	3					3
egal	3					3
lustig	3					3

Die Einstufung von ›Sexismus‹ in den mittleren negativen Bereich mit dem Wert -46 entspricht der schon eindeutig negativen Bewertung des Wortes im ersten Schritt der Punk-Untersuchung. Das semantische Profil von ›Sexismus‹ ist relativ schwach ausgeprägt. In der Semantisierung ist ›Scheiße‹ das Wort mit der höchsten Nennung (19mal). ›Scheiße‹ wird im Punk-Diskurs in Schritt 1 bereits als negatives Wort 6mal und in den Semantisierungen insgesamt als zweithäufigstes Wort genannt (31mal). Außerdem definieren Männer (4mal) explizit und implizit durch Ausdrücke ›Frauen in der Küche‹ und ›frauenfeindlich‹ das Wort ›Sexismus‹. ›Sexismus‹ weist keine für die Punk-Szene charakteristischen Merkmale auf und ist deshalb kein subkulturelles Symbol.

Sonne

Grundwort	n	Variante	n	Ausdrücke	n	Σ
Sommer	20	Sommerschein	1	Sommer ist die beste Jahreszeit	1	22
warm	12	Wärme	8			20
Leben	10	Lebensspender Lebenswärme	2 1			13
Sonnenbrand	5	Sonnenöl **Sonne** Sonnenstich Sonnencreme Sonnensystem Sonnenbad	2 1 1 1 1 1			12
Hautkrebs	6	Krebs	5			11
Licht	8	Lichtschutz 55	1			9
Ozonloch	7	Ozon	2			9
schwitzen	5	Schweiß	3	schwitzen wie Sau	1	8
heiß	8					8
schön	5			schöner Tag schönes Wetter	1 1	7
Urlaub	7					7
Strand	6					6
hell	3					3
Meer	3					3
Party	3					3

›Sonne‹ wird von 9,2% der Vpn aus der Punk-Szene, 34,1% der Studenten und 7,7% der Einzelkultur genannt. In allen drei Fällen fällt die eindeutig positive Bewertung auf. In der Hierarchie der Punks befindet sich das Wort an der 16. Stelle (Wertung +52), wobei die weiblichen Vpn es relativ höher (+62) als die männlichen Vpn (+45) bewerten. Die Differenzierungskraft-Skala der gleichen Gruppe wird nicht von einem herausragenden Konzentrationspunkt dominiert, die höchste Konzentration ist zwar 20 (bei +100), aber die folgenden Werte weisen keine großen Abweichungen auf: 14 (bei +80), 10 (bei +50). ›Sonne‹ wird von den Punks am häufigsten mit ›Sommer‹ (20mal) assoziiert. Die aktualisierenden Komponenten ›Hautkrebs‹, ›Ozonloch‹ und ›Lichtschutz 55‹ treten bei der Semantisierung auf. Das Wort ›Sonne‹ taucht in allen möglichen Varianten auf: von ›Sonnenöl‹ und ›Sonnencreme‹ bis zu ›Sonnensystem‹. Es ist eine Vernetzung mit nur zwei Symbolen (Leben, Party) aus dem Punk-Diskurs zu beobachten. Trotz der Breite des semantischen Feldes kann ›Sonne‹ wegen des Mangels an für den Punk-Diskurs typischen Komponenten nicht als subkulturelles Symbol betrachtet werden.

Spaß

Grundwort	n	Varianten	n	Ausdrücke	n	Σ
Punk	11	Punkrock Punks	3 1	Punk sein	1	16
Party	13			Party dicht sein	1	14
muß sein	8			muß überwiegen muß immer dabei sein	1 1	10
saufen	9					9
Leben	5	lebensnotwendig lebenswichtig	2 1			8
Musik	7	Musikmachen	1			8
Sex	8					8
Bier	7					7
lachen	6	Lachkrampf	1			7

Grundwort	n	Varianten	n	Ausdrücke	n	Σ
fun	4	funi funnniii	1 1			6
wichtig	5			wichtigstes Lebensziel	1	6
Freunde	5			mit **Freunden**	3	8
Konzerte	4					4
ficken	3					3

›Spaß‹ wird in der Punk-Umfrage von 14,5%, bei Studenten von 23,9% und in der deutschen Umfrage von 3,8% der Vpn genannt. Wie vorher ›Sonne‹ wird das Wort von jeder Gruppe positiv bewertet. Es liegt die Vermutung nahe, daß es sich hier um ein für den Punk-Diskurs wichtiges Wort handelt, denn ›Spaß‹ befindet sich in der Hierarchie auf dem sechsten Platz (+87). Dementsprechend findet man den Konzentrationspunkt bei +100 mit 63 Nennungen. ›Spaß‹ wird im Punk-Diskurs sehr ausführlich semantisiert. Es ist mit 7 anderen subkulturellen Symbolen vernetzt. Die Klassifikation des Wortes ›Spaß‹ weist auf ein eindeutig positives Wort hin. ›Spaß‹ wird als ein wichtiger Bestandteil des Lebens (lebensnotwendig und wichtig) definiert. Am häufigsten (16mal) wird ›Spaß‹ mit ›Punk‹ und der Punk-Szene in Verbindung gebracht: ›Party‹ (14mal), ›Saufen‹ (9mal), ›Musik‹ (7mal) und ›Konzerte‹ (4mal). Es handelt sich um ein subkulturelles Symbol.

Straight edge

Grundwort	n	Varianten	n	Ausdrücke	n	Σ
Intoleranz	4	intolerant	1			5
langweilig	4	Langeweile	1			5
Lebenseinstellung	4					4
Hardcore	3					3
wer?	3					3

Das Wort wird in der Punk-Umfrage von 6,6% der Vpn genannt. Die Meinungen sind hier geteilt: 2,6% bewerten es positiv, 3,9% negativ. In der Hierarchie befindet es sich im negativen Bereich an dritter Stelle (-10). Die älteren Vpn schätzen es wesentlich negativer als die jüngeren ein (-15 zu -5). Auf der Differenzierungskraft-Skala sind die höchsten Nennungen weit voneinander entfernt. 11 Vpn geben -100 an, 27 bewerten das Wort mit 0. Sehr auffällig ist, daß eine hohe Anzahl an Vpn (11) keine Angaben macht. ›Straight edge‹ weist hinsichtlich der Semantisierung das am wenigsten ausgeprägte Profil auf. Das Wort wird mit ›Intoleranz‹ (5mal) und ›Langeweile‹ assoziiert. Die Frage ›wer?‹ (3mal) weist auf die geringe Verbreitung des Wortes im Punk-Diskurs hin. Es handelt sich um kein subkulturelles Symbol.

Toleranz

Grundwort	n	Varianten	n	Ausdrücke	n	Σ
wichtig	18			wichtig höchstes Gut wichtig fürs Zusammenleben wichtig/Punk	1 1 1	21
Verständnis	7	verstehen	1			8
Akzeptanz	4	akzeptieren	3			7
Frieden	6	Friede	1			7
Punk	2	Punks Punkrock	2 1			5
Freiheit	4					4
Anarchie	3					3
Ausländer	3					3
egal	3					3
muß sein	3					3

›Toleranz‹ wird in der Punk-Umfrage von 11,8%, bei den Studenten von 6,8% und in der Einzelkultur von 15,3% der Vpn genannt. Bei den Punks plaziert ein geringer Teil der Vpn (1,3%) das Wort im negativen Bereich, bei den anderen Gruppen sind die Werte eindeutig positiv. In der Hierarchie der Punks nimmt das Wort den 12. Platz ein mit der Wertung +73. Analog dazu beträgt es in der Hierarchie der Einzelkultur +72. In der Differenzierungskraft-Skala der beiden Gruppen konzentrieren sich die Nennungen unter +100, bei den Punks sind es 39 Vpn, in der Einzelkultur 36 Vpn .
Die semantischen Profile von ›Toleranz‹ in beiden Untersuchungsgruppen ähneln sich. Die Komponente ›Ausländer‹ steht in der Einzelkultur an dritter Stelle mit insgesamt 8 Nennungen, bei den Punks dagegen kommt sie nur 3mal vor. Beide Gruppen erwähnen ›Freiheit‹. Im Gegensatz zur Einzelkultur werden von der Punk-Szene ›Punk‹ und ›Anarchie‹ genannt. ›Toleranz‹ ist kein subkulturelles Symbol.

Toleranz (Einzelkultur)

Grundwort	n	Varianten	n	Ausdrücke	n	Σ
Akzeptanz	9	akzeptieren	1			10
Freiheit	6			freie Gesellschaft freies Denken	1 1	8
Ausländer	8					8
Offenheit	7					7
Verständnis	7					7
Partnerschaft	6					6
Liberalismus	4	Liberalität	2			6
Tugend	5					5

6.3. Die semantischen Profile der Studenten

Im folgenden sollen zu Vergleichszwecken die semantischen Profile der studentischen Umfrage präsentiert werden. Da es sich hier um Vergleichsmaterial handelt, werden die einzelnen Profile nur kurz besprochen.

Anarchie

Grundwort	n	Varianten	n	Ausdrücke	n	Σ
Chaos	25	Chaoten	1			26
Freiheit	9	Entscheidungsfreiheit	1			10
Unordnung	5	Ordnung	2	Abwesenheit von Ordnung keine Ordnung	1 1	9
Gewalt	7					7
Punk	3	Punks Punx	2 1			6
Utopie	3	utopisch	2			5
Auflockerung	1	Auflösung Führungslos regellos	1 1 1	Fehlen von Regeln	1	5
Gesetzlosigkeit	4			keine Gesetze	1	4
›keine‹				keine Demokratie keine Herrschaft keine Regierenden	1 1 1	3
Staat	2	Staatsherrschaft	1			3
durcheinander	2	destruktiv	1			3
Unsicherheit	3					3

›Anarchie‹ wurde von den Studenten selbst zwar nicht genannt, aus Vergleichsgründen aber den studentischen Vpn vorgelegt. Während die Punks das Wort insgesamt mit +47 deutlich positiv bewerten, liegt es bei den Studenten im schwach negativen Bereich (-10). Im Hinblick auf die Differenzierung der Bewertungen finden sich bei den studentischen Vpn zwei Konzentrationspunkte: -100 (angegeben von 11 Vpn) und im Nullbereich (6 Vpn). Am weitaus häufigsten wurde ›Anarchie‹ durch den Begriff ›Chaos‹ beschrieben (26mal); es folgt ›Freiheit‹ mit 10 Nennungen. Hierbei ist auffällig, daß auch bei den Punk-Vpn eben diese beiden Grundwörter am stärksten vertreten sind, aber in umgekehrter Reihenfolge (›Freiheit‹ – 39; ›Chaos‹ – 23). Weitere Übereinstimmungen bei der Semantisierung von ›Anarchie‹ durch Studenten und Punks finden sich in folgenden Begriffen: ›Gewalt‹ (7mal bei Studenten, 3mal bei Punks), ›Punk‹ (6mal, 5mal), ›Utopie‹ (je 5mal) und ›Gesetzlosigkeit‹ (4mal, 3mal). Dagegen kommen die von den Punks angegebenen Wörter ›Spaß‹, ›Leben‹ und ›Frieden‹ hier nicht vor. Allgemein kann bemerkt werden, daß ›Anarchie‹ insgesamt mit relativ vielen Varianten und Ausdrücken erklärt wird.

Antifa

Grundwort	n	Varianten	n	Ausdrücke	n	Σ
›gegen‹ (als Abgrenzung)		Gegenbewegung Widerstand	1 2	gegen Diskriminierung gegen rechts gegen Rechtsradikale Gegenbewegung zu Faschisten gegen Skins gegen Faschismus gegen Nationalismus	1 3 1 1 1 4 1	15
Toleranz	5					5
Demonstration	1	Demo Demos	2 1			4
Kommunismus	1	DKP marxistisch DDR	1 1 1			4
links	3			linke Szene	1	4
Punk	2	Punks Punx	1 1			4
radikal	4					4
alternativ	1	Autonome Ökos	1 1			3
antiimperialistisch	1	antipatriarchalisch antirassistisch	1 1			3
Faschismus	2	Faschos	1			3
Politik	2	politisch	1			3
Gewalt	3					3
Kampf	3					3
Organisation	3					3

›Antifa‹ kam im ersten Schritt der studentischen Umfrage nicht vor. Insgesamt wurde der Begriff von den Studenten dem positiven Bereich zugeordnet (+39), wobei drei Konzentrationspunkte auszumachen sind: +100 (11 Vpn), im Nullbereich (10 Vpn) und +80 (9 Vpn). Bei der Semantisierung stellt ›gegen‹ als Abgrenzungsbegriff mit 15 Nennungen die wichtigste Kategorie dar. Es ist gleichzeitig die Kategorie, die die meisten Varianten und Ausdrücke aufweist. Bemerkenswert ist, daß alle weiteren genannten Begriffe bei weitem nicht so häufig vorkommen. So z.B. ›Toleranz‹ (5), ›Demonstration‹ (4). Außerdem erklären die Studenten ›Antifa‹ überwiegend mit einem sehr breiten, aus dem Bereich der politischen Terminologie stammenden Begriffsspektrum: ›Kommunismus‹ (4), ›Faschismus‹ (3), ›Demokratie‹ (2) usw.

Arbeit

Grundwort	n	Varianten	n	Ausdrücke	n	Σ
Geld	14	Geldbeschaffung geldbringend Gelderwerb Geldverdienen	1 1 1 1	Geld verdienen	2	20
Streß	11	Streßfaktor	1			12
Sicherheit	8					8
notwendig	4	Notwendigkeit	3			7
Selbstverwirklichung	3	Selbstbewußtsein fördernd Selbstfindung Selbstbestätigung	1 1 1			6
Beschäftigung	6		1			6
anstrengend	2	Anstrengung	1	Anstrengung, aber erstrebenswert	1	4
Freiheit	2	Freiheitsberaubung	1			3
Arbeitslosigkeit	1	arbeitslos	1			2
Erfolg	3					3
Erfüllung	3					3
Spaß	3					3
Wohlstand	3					3

Das Wort ›Arbeit‹ wurde im 1. Schritt überwiegend in der Form ›arbeiten‹ genannt (insgesamt 5mal), wobei hier die negative Wertung überwiegt. Im 2. Schritt wird es dagegen mit +41 als positiv bezeichnet. In diesem Punkt ist auch ein Unterschied zu den Punks zu vermerken, die dieses Wort mit -10 als leicht negativ einstuften. Bezüglich der Differenzierungskraft ist ebenfalls ein Unterschied zwischen den Punks und Studenten vorhanden: bei den Punk-Vpn sind die Konzentrationspunkte 0 und -100. Demgegenüber ist bei den studentischen Vpn nur ein Konzentrationspunkt festzustellen, und zwar im Bereich +50. Im Bereich der Semantisierung ist sowohl bei den Punks als auch bei den Studenten das Wort ›Geld‹ das am meisten genannte: 32 Nennungen bei den Punks und 20 Nennungen bei den Studenten. Darüber hinaus stimmen bei beiden Gruppen die folgenden zwei Wörter überein: ›Streß‹ (13 und 12mal) sowie ›anstrengend‹ (5 und 4mal).
Während bei den Punks die meisten Wörter aus dem negativen Bereich stammen (Scheiße, Ausbeutung, Langeweile), kommen bei den Studenten eher positive Semantisierungskategorien vor (Sicherheit, Selbstbestätigung, Freiheit, Spaß). Es läßt sich z.T. eine diametral entgegengesetzte Auffassung zwischen den beiden Gruppen feststellen. Das Sematisierungsspektrum weist einige verwandte Ausdrücke auf, z.B.: Beschäftigung/Job – Urlaub.

Armut

Grundwort	n	Varianten	n	Ausdrücke	n	Σ
Hunger	15					15
›kein‹				kein Geld kein Job kein Luxus keine Arbeit keine rechte keine Wohnung	6 1 1 1 1 1	11
Dritte Welt	4	3/4 Welt 3. Welt Entwicklungsländer	1 3 1			9
Elend	7					7

Grundwort	n	Varianten	n	Ausdrücke	n	Σ
Obdachlosigkeit	2	Obdachlose obdachlos	1 1			4
Bescheidenheit	2			bescheiden leben	1	3
Existenz	1	Existenzminimum Existenznot	1 1			3
Gewalt	2	Gewaltbereitschaft	1			3
traurig	2	Trauer	1			3
Tod	3					3

›Armut‹ wird nur bei der studentischen Umfrage verwendet, so daß hier keine Vergleichsmöglichkeit besteht. In Schritt 1 wurde es 12mal nur im negativen Bereich genannt. In Schritt 2 wurde es mit -68 auf der Hierarchieskala eingestuft, wobei der Konzentrationspunkt bei -100 liegt. Bezüglich der Semantisierung läßt sich feststellen, daß das Wort ›Hunger‹ hier die größte Kategorie darstellt (15mal). An zweiter Stelle wurde ›kein‹ im Sinne von ›kein Geld‹, ›kein Job‹ usw. genannt.

Ausländer

Grundwort	n	Varianten	n	Ausdrücke	n	Σ
fremd	5	fremdartig Fremde Fremder Fremdsprache Fremdsprachen	1 3 1 1 1	fremde neue Mentalitäten fremde Kultur	1 1	14
Multikultur	3	multikulti multikulturell	2 3	multikulturelle Gesellschaft	1	9
anders	2	andersartig anderssprachig	1 1	andere Sprache anderer Kulturkreis anderes aussehen alle anderen	1 1 1 1	8
Haß	3	Rechtsradikalismus raus Solingen Rassismus Diskriminierung	1 1 1 1 1			8
Kultur	4	Kulturen Kulturmischung	1 1	kulturelle Vielfalt	1	7
Freunde	5					5
interessant	3			interessante Kulturen	1	4
Bereicherung	2	bereichernd	1			3
Sprache	1	Sprachen	2			3
Integration	3					3
Menschen	3					3
Toleranz	3					3
Türken	3					3

›Ausländer‹ wurde weder von den Punks noch von den Studenten im 1. Schritt genannt, aber aus Gründen der Vergleichbarkeit mit dem einzelkulturellen Diskurs in die Untersuchung aufgenommen. Bei Schritt 2 ist auffällig, daß ›Ausländer‹ von Frauen positiver (+36) als von Männern (+22) bewertet werden. Das Differenzierungsverhalten ist mit dem der Punks vergleichbar: die Konzentrationspunkte liegen im Nullbereich und bei +50. Bei den semantischen Profilen ist auffallend, daß bei den Punks die Semantisierung eher eine persönliche Komponente einbezieht (Menschen 25mal, Freunde 18mal, Kumpel usw.). Bei den

Studenten dominieren dagegen die Wörter ›fremd‹ (14mal), ›anders‹ (8mal), ›Rassismus‹ (8mal), die bei den Punks nicht vorkommen. Es ließe sich also sagen, daß bei den studentischen Vpn eher eine Distanz vorhanden ist. Übereinstimmend mit den Punks wird hier auch ›Multikultur‹ (Punks – 7mal, Studenten – 9mal), ›Kultur‹ (9 und 7mal) genannt.

Bier

Grundwort	n	Varianten	n	Ausdrücke	n	Σ
Alkohol	8	alkoholhaltig Alkoholismus	1 1			10
Gerste	2	Gerstensaft Hefe Hefeteilchen Hopfen Malz	1 1 1 1 1			8
Party	5			gute Parties brauchen Bier	1	6
Schaum	5	schäumend	1			6
Kneipe	5					5
Spaß	5					5
Erfrischung	2	erfrischend	2			2
primitiv	1	Proletentum prollig prollos	1 1 1			4
Suff	4					4
Betrunkene	2	betrunken	1			3
Droge	2	Alltagdroge	1			3
Durst	2			Durst löschend	1	3
Biergarten	3					3
kalt	3					3
lecker	3					3

Das Wort ›Bier‹ wurde von den studentischen Vpn nur einmal genannt, von den punkschen dagegen 10mal. Auch bei der Durchschnittsbewertung in Schritt 2 wird dieser Unterschied deutlich, die Punks stufen ›Bier‹ mit +56 relativ hoch ein, die Studenten dagegen nur mit +27. Bei den Studenten ist darüber hinaus ein markanter Unterschied zwischen den weiblichen und den männlichen Vpn feststellbar: +19 und +35. Während bei den Punks ›Bier‹ ein breites semantisches Profil aufweist, überwiegt bei den Studenten eher die lexikalische Bedeutung (Alkohol 10mal, Gerste 8mal, Schaum 6mal, Erfrischung 2mal).

Demokratie

Grundwort	n	Varianten	n	Ausdrücke	n	Σ
Wahlen	10	Wahl wählen Wahlversprechen	1 1 1	freie Wahlen	1	15
Freiheit	9	frei Meinungsfreiheit	1 1			11
Volk	3	Volksvertretung	1	vom Volk ausgehend Beteiligung des Volkes Herrschaft des Volkes	1 1 1	7
Mitbestimmung	4	Mitsprache	1	Mitbestimmung für alle	1	6
Staat	1	Staatsform Staatssystem System Rechtsstaat	3 1 1 1			7
Gerechtigkeit	5					5
Partei	1	Parteien Mehrparteiensystem	3 1			5
gibt's die	1			gibt es nicht gibts nicht klappt nicht	1 1 1	4
Politik	3	Berufspolitikerinnen	1			4
Gleichberechtigung	3					3
Gleichheit	3					3
gut	3					3
Parlament	3					3

›Demokratie‹ wurde in Schritt 1 weder von den Studenten noch von den Punks genannt. In Schritt 2 wird es von den Studenten im Vergleich zu den Punks mit +74 sehr hoch bewertet (Punks dagegen +8). Auch die Differenzierungskraft weist Divergenzen auf, bei den Studenten liegt der Schwerpunkt bei +100 (24 Vpn). Hier ist die Nähe zum einzelkulturellen Diskurs deutlich, denn ›Demokratie‹ ist ein Kollektivsymbol. Aus den semantischen Profilen wird im Unterschied zu den Punks eine überwiegend positive Einschätzung deutlich (Wahlen 15mal, Freiheit 11mal Volk 7mal). Bei den Punks treten Wörter aus dem negativen und einem eher individuellen Bereich auf (Scheiße 3mal, Anarchie 4mal usw.)

Deutschland

Grundwort	n	Varianten	n	Ausdrücke	n	Σ
Nationalsozialismus	2	Drittes Reich Hitler 3. Reich Nazis NS-Staat	1 1 1 1 1			7
Heimat	6	Heimatland	1			7
Land	3	Landkarte	1	Land in dem ich lebe schönes Land ein Land	1 1 1	7
Sozialstaat	3	Staatsgebilde Ausbeuterstaat Staat	1 1 1			6
Wirtschaft	4	Wirtschaftsmacht soziale Marktwirtschaft	1 1			6

Grundwort	n	Varianten	n	Ausdrücke	n	Σ
Kohl	3	Helmut Kohlregierung	1 1			5
Europa	2	europäisch Europameister	1 1			4
Reichtum	3	reich	1			4
Arroganz	2	Aroganz	1			3
Demokratie	2	demokratisch	1			3
Kälte	2	kalt	1			3
Krieg	2			2 Kriege verursacht	1	3
Geburtsland	3					3
Sprache	2			deutsch als Sprache	1	3

Im Unterschied zu den Punks wurde ›Demokratie‹ von den Studenten in Schritt 1 nicht genannt. Im 2. Schritt ist kein Bewertungsunterschied zwischen den beiden Gruppen sichtbar: -42 bei den Punks +11 bei den Studenten. Auch überwiegt bei den Studenten bezüglich der Differenzierungskraft der Nullbereich (19 Vpn). Hinsichtlich der semantischen Profile ist interessant, daß sowohl bei den Punks als auch bei den Studenten die Wörter ›Nazis‹ und ›Nationalsozialismus‹ dominieren. Allerdings ist die Semantisierung der Studenten breiter als die der Punks, wobei das semantische Feld ›Heimat‹ überwiegt (Land, Heimat, Geburtsland, Vaterland).

Drogen

Grundwort	n	Varianten	n	Ausdrücke	n	Σ
Hasch	3	Arzneimittel Cannabis Extasy Alkohol Heroin Joint LSD Marihuana Metadon Pillen Zigaretten	1 1 1 1 3 1 3 1 1 1 1			18
Abhängigkeit	5	abhängig	1	abhängig machend	1	7
Rausch	6	berauschend	1			7
Sucht	4	Suchtgefahr Suchtstoff	1 1			6
Bewußtseinsveränderung	1	bewußtseinserweiterend Bewußtseinserweiterung Selbstfindung verändernd	1 1 1 1			5
Tod	5					5
Flucht	3			Flucht vor Realität	1	4
Krankheit	3	krank	1			4
Problem	2	Probleme	1			3

Im zweiten Schritt wurde ›Drogen‹ mit -35 (Frauen -31, Männer -42) im Vergleich zu den Punks (-4) stark negativ bewertet. Bezüglich des Differenzierungsverhaltens sind Gemeinsamkeiten feststellbar, bei den Studenten sind ebenfalls Konzentrationspunkte bei -100 (14 Vpn) und 0 (11 Vpn) vorhanden. Bei der Auswertung der semantischen Profile ergeben sich Divergenzen zwischen den beiden Gruppen: Bei den Studenten ist die Verwendung von vielen Varianten und nur wenigen Ausdrücken auffallend, bei den Punks kommen dagegen viele Ausdrücke vor. Darüber hinaus ist auffallend, daß die Studenten ›Drogen‹ aus einer bestimmten Distanz bewerten: Man findet hier eine Aufzählung der gängigen Drogensorten sowie ein interdiskursiv negatives Urteil, das sich in Wörtern wie ›Flucht‹, ›Krankheit‹, ›Angst‹ äußert. Bei den Punks ist eine aus dem eigenen Diskurs hervorgehende Betrachtungsweise feststellbar. Denn hier beziehen sich die semantischen Profile eher auf die Differenzierung zwischen positiv und negativ (beispielsweise: Hasch ist O.K – Heroin ist Scheiße).

Ehrlichkeit

Grundwort	n	Varianten	n	Ausdrücke	n	Σ
Vertrauen	12	Vertrauensbasis	1			13
Freunde	3	Freund Freundschaft Freundschaftsbasis	1 3 1			
Wahrheit	7	Wahrheitsliebe	1			8
wichtig	8					8
Offenheit	5	offen	1			6
Lüge	2	Notlüge	2	Lügen haben kurze Beine	1	5
Gewissen	3	Gewissenskonflikte	1			4
Treue	4					4
Aufrichtigkeit	2	aufrecht	1			3
Verläßlichkeit	2	Verlaß	1			3
Anstand	3					3
schwierig	3					3

Die Studenten bewerteten ›Ehrlichkeit‹ im zweiten Schritt mit +82, also nah am einzelkulturellen Diskurs (+82). Die Konzentrationspunkte sind mit den punkschen vergleichbar: +100 und +80. Auch bei der Semantisierung ist eine Ähnlichkeit mit den Punks feststellbar. Bei beiden Gruppen ist eine starke Verwendung von Substantiven (Vertrauen, Wahrheit usw.) vorhanden, wobei hier die lexikalische Bewertung überwiegt.

Erfolg

Grundwort	n	Varianten	n	Ausdrücke	n	Σ
Geld	13					13
Arbeit	4	arbeiten Arbeitsplatz	1 1	harte Arbeit	3	9
Selbstbestätigung	2	Selbstbewußtsein Selbstdefinition Selbstverwirklichung Selbstzufriedenheit	2 1 1 1			7
Karriere	6					6
Sicherheit	5					5
Bestätigung	4					4
Glück	4					4
Streß	4					4
schön	2			schön wenn man ihn hat	1	3
Anerkennung	3					3
Sieg	3					3

›Erfolg‹ wurde im 1. Schritt nur von den Studenten genannt (9mal im positiven Bereich). Auch im zweiten Schritt wurde es eindeutig positiv bewertet, der Konzentrationspunkt liegt bei +100 (14 Vpn). Bei der Semantisierung ist auffallend, daß ›Erfolg‹ mit ›Geld‹ gekoppelt wird (13mal).

Freunde

Grundwort	n	Varianten	n	Ausdrücke	n	Σ
Spaß	14					14
wichtig	11					11
Vertrauen	9					9
Hilfe	5	helfen	1			6
lebenswichtig	3	Leben	1			4
reden	4					4
feiern	1	Feten Party	1 1			3
Sozialkontakte	1	soziale Kontakte soziales Netz	1 1			3
Verläßlichkeit	2	verläßlich	1			3
Ehrlichkeit	3					3
Sicherheit	3					3

Im Hinblick auf das Wort ›Freunde‹ lassen sich einige Übereinstimmungen bei den beiden Gruppen feststellen. Beispielsweise bei der Hierarchisierung in Schritt 2: +93 bei den Studenten und +90 bei den Punks und bezüglich des Konzentrationspunktes (+100). Darüber hinaus weisen die semantischen Profilen Gemeinsamkeiten auf. Bis zu der dritten Position dominieren die gleichen Wörter ›wichtig‹, ›Vertrauen‹ und ›Spaß‹.

Freundschaft

Grundwort	n	Varianten	n	Ausdrücke	n	Σ
Vertrauen	14					14
Ehrlichkeit	10	ehrlich	1			11
wichtig	10					10
Hilfe	5	helfen Hilfe Absicherung Hilfsbereitschaft	2 1 1			9
Liebe	5					5
Beziehung	4					4
Spaß	4					4
Toleranz	4					4
Offenheit	3					3

Bei der Hierarchisierung ist eine Ähnlichkeit mit der punkschen Bewertung gegeben (+96 bei den Studenten und +90 bei den Punks). Auch die semantischen Profile der Studenten weisen Gemeinsamkeiten mit den anderen Gruppen auf.

Familie

Grundwort	n	Varianten	n	Ausdrücke	n	Σ
Vater	9	Mutter Mama Papa Eltern Vater Mutter Kind	8 1 1 8 1			20
Kinder	9	Kind Kinderplärren	2 1	Kinder nein danke da muß mir schon langweilig sein	1	13
Geborgenheit	13					13
Sicherheit	8					8
Geschwister	4	Schwester	2			6
Liebe	5			Liebe Zuhause	1	6
Halt	3	Rückhalt	4	gibt Rückhalt	1	8
Vertrauen	3					3

›Familie‹ wird in Schritt 1 nur von den Studenten und den deutschen Vpn genannt. Auch die Hierarchisierung in Schritt 2 nähert sich bei den Studenten eher dem einzelkulturellen Diskurs (+57 Studenten, +65). Bei allen Gruppen überwiegt der positive Bereich, allerdings liegen bei den Punks die Konzentrationspunkte bei 0 und +10 und bei den Studenten +100 und +50. Also weist ›Familie‹ bei den Studenten eine viel höhere Bewertung auf. Auch die semantischen Profile der Studenten lassen sich mit dem einzelkulturellen Diskurs vergleichen. Hier sind vor allem die familienspezifischen Wörter dominant.

Freiheit

Grundwort	n	Varianten	n	Ausdrücke	n	Σ
Leben	5	Lebensfreude	1			6
Individualität	2	Individuelle Individuum	1 2			5
Reisen	5	Urlaub	1			6
Selbständigkeit	2	Selbstbestimmung	2			4
Entscheidungsfreiheit	1			Entscheidungen treffen Freiheit zu entscheiden öffentliche Freiheit	1 1 1	4
Glück	4					4
Unabhängigkeit	4					4
Entfaltung	3					3
Frieden	3					3
ungebunden	3					3
wichtig	3					3

Die Hierarchisierung von ›Freiheit‹ ist bei den beiden Gruppen ähnlich: +95 bei den Punks und +90 bei den Studenten. Auch der Konzentrationspunkt bei +100 ist identisch. Allerdings sind bei den semantischen Profilen starke Abweichungen feststellbar. Die Studenten sind an der einzelkulturellen Semantik orientiert.

Frieden

Grundwort	n	Varianten	n	Ausdrücke	n	Σ
Ruhe	12			ruhevoller Zustand	1	13
Freiheit	7					7
Toleranz	6					6
Harmonie	5					5
Krieg	2			kein Krieg nicht Krieg	2 1	5
Taube	3			weiße Taube		4
Glück	4					4
Politik	3					3
Sicherheit	3					3

›Frieden‹ wurde im ersten Schritt von den Studenten insgesamt 9mal genannt. Die Hierarchisierung ist bei den beiden Gruppen vergleichbar: Bei den Studenten +85, bei den Punks +84, der Konzentrationspunkt beträgt jeweils +100. Auch die semantischen Profile sind weitgehend ähnlich. Beispielsweise ist die Opposition ›Frieden – Krieg‹ bei beiden Gruppen vorhanden.

Geld

Grundwort	n	Varianten	n	Ausdrücke	n	Σ
Scheine	5	Geldgier bedrucktes Papier Mammon Münzen Papier Geld Zahlungsmittel	1 1 1 3 1 1 3			16
Arbeit	10					10
Sicherheit	7					7
Macht	4	Machtfaktor	1			5
Notwendigkeit	2	notwendig	2	notwendiges Übel	1	5
Freiheit	5					5
Wohlstand	2	Wohlstandsindikator	1			3
Reichtum	3					3
Unabhängigkeit	3					3

Im zweiten Schritt wurde ›Geld‹ von den Studenten mit +52 bewertet. Beim Differenzierungsverhalten ist ein eindeutiger Konzentrationspunkt bei +50 festzustellen. Hinsichtlich der semantischen Profile läßt sich feststellen, daß bei den Studenten eher die lexikalische Bedeutung dominiert.

Glück

Grundwort	n	Varianten	n	Ausdrücke	n	Σ
Liebe	10					10
Freunde	5	Freund Freundschaft Lebenspartner	1 1 1	gute Freunde	1	9
Zufriedenheit	9					9
Zufall	7					7
Freude	6					6

Grundwort	n	Varianten	n	Ausdrücke	n	Σ
Erfolg	5					5
Spaß	5					5
Gesundheit	3	gesund	1			4
Erfüllung	3					3
Freiheit	3					3
Geld	3					3
gut	3					3
Lotto	3					3

Bei diesem Wort gibt es keine Vergleichsmöglichkeit mit den Punks. Von den Studenten wurde es in Schritt 1 von 13 Vpn ausschließlich positiv genannt. Auch in Schritt 2 wurde ›Glück‹ mit +83 als stark positiv eingestuft. Der Konzentrationspunkt liegt bei +100. Hinsichtlich der semantischen Profile ist auffällig, daß ›Liebe‹ mit 10 Nennungen die häufigste Kategorie ist. Darüber hinaus überwiegt hier die lexikalische Auslegung der Wörter.

Haß

Grundwort	n	Varianten	n	Ausdrücke	n	Σ
Gewalt	11	gewaltig	1			12
Krieg	11					11
Zerstörung	7	zerstörerisch	1			8
Wut	5					5
Feindschaft	3	Feind	1			4
Rechtsradikalismus	2	Nazis Glatzen	1 1			4
Dummheit	2	blöd	1			3
Emotion	2	emotional	1			3
Intoleranz	3					3
Trauer	3					3

Im Gegensatz zum punkschen semantischen Profil von ›Haß‹ ist das von den Studenten erstellte Profil sowohl tiefer als auch schmaler. In dieser Hinsicht ist es dem einzelkulturellen Diskurs sehr viel ähnlicher als dem subkulturellen Punk-Diskurs. Inhaltlich wird das Wort von den Studenten hauptsächlich durch emotional gefärbte Ausdrücke umschrieben, z.B. ›Wut‹ (5mal), ›Feindschaft‹ (3mal), ›Neid‹ (2mal). Erwähnenswert ist auch, daß emotional gefärbte Adjektive zur Semantisierung von ›Haß‹ sowohl bei den Punks als auch bei den Studenten, nicht aber im einzelkulturellen Diskurs Verwendung finden.

Haus

Grundwort	n	Varianten	n	Ausdrücke	n	Σ
Familie	11			nur für Familien	1	12
wohnen	6	Wohnort Wohnung	1 5			12
Garten	9					9
Sicherheit	9					9
Zuhause	5			zu Hause sein	2	7
Geborgenheit	7					7
Heim	6					6
Eigenheim	2	Eigentum	3	eigene Unterkunft	1	6
Schutz	5					5
Dach	4					4

Grundwort	n	Varianten	n	Ausdrücke	n	Σ
Gebäude	4					4
Bausparen	2	Bausparkasse	1			4
		Bausparvertrag	1			
Miete	1	Mieter	1	keine Miete mehr	1	3
leben	2	Lebensort	1			3

Das Wort ›Haus‹ taucht weder bei den Punks noch in der allgemein-deutschen Erhebung auf. Es liegt also kein Vergleichsmaterial vor, weshalb auf eine Besprechung des semantischen Profils, wie es sich aus der Studenten-Befragung ergeben hat, verzichtet werden kann.

Kirche

Grundwort	n	Varianten	n	Ausdrücke	n	Σ
veraltet	3	alt	1	veraltete Strukturen	1	14
		altmodisch	1			
		anachronistisch	1			
		Auslaufmodell	1			
		Relikt	1			
		rückständig	1			
		überflüssig	1			
		überholt	3			
Verlogenheit	2	verlogen	1			14
		Volksverdummung	1			
		autoritär	1			
		Bevormundung	1			
		brainwashing	1			
		fanatisch	1			
		Heuchelei	1			
		absurd	1			
		Mittelalter	1			
		unmeschlich	1			
		Unmündigkeit	1			
		Unterdrückung	1			
Glaube	7	glauben	3			11
		Glaubensgemeinschaft	1			
Papst	11					11
Gott	6			Gott und Geld		1
Pfarrer	2	Pastor	1			4
		Priester	1			
Institution	4					4
Kreuz	4					4
Religion	4					4
Gebäude	1	Architektur, Gebäude	1			1
		Haus	1			
Macht	2	machtgierig	1			3
Lügen	2	Lügner	1			3

Der Vergleich des semantischen Profils von ›Kirche‹ im einzelkulturellen Diskurs und bei den Punks mit dem der Studenten zeigt, daß letztere sowohl die im einzelkulturellen Diskurs vorherrschende Komponente von ›Kirche‹ als Institution in ihre Semantisierung miteinbeziehen als auch die von den Punks genannten emotional wertenden und zum Teil sehr ablehnenden Ausdrücke verwenden. An erster Stelle nennen die Studenten die Begriffe ›veraltet‹ (14mal) und ›Verlogenheit‹ (14mal), desweiteren semantisieren sie ›Kirche‹ durch

›Glaube‹ (11mal) und ›Papst‹ (11mal). Es fällt auf, daß die Begriffe im Gegensatz zu der punkschen Semantisierung neutraler und insgesamt emotionsloser verwendet werden.

Krieg

Grundwort	n	Varianten	n	Ausdrücke	n	Σ
Tod	21	Tote	3	Tot und Verletzte	1	25
Zerstörung	9	zerstörend	1			10
Gewalt	10					10
Haß	9					9
Angst	6					6
Bomben,	3	Atombombe	1			4
Ex-Jugoslavien	2	Bosnien Jugos	1 1			4
Kampf	4					4
Trauer	4					4
Leid	2	Leiden	1			3
Unsinn	2	unsinnig	1			3

Das semantische Profil des Wortes ›Krieg‹, wie es sich aus der Studenten-Befragung ergeben hat, stimmt weitgehend sowohl mit der Semantisierung des Wortes im einzelkulturellen Diskurs als auch bei den Punks überein. Inhaltliche Besonderheiten sind nicht festzustellen.

Kultur

Grundwort	n	Varianten	n	Ausdrücke	n	Σ
Literatur	11	Buch Bücher lesen	1 3 1			16
Musik	12	Konzerte Oper	3 1			16
Kunst	13	Bilder Literatur Denkmäler	1 1 1	Kunst Musik	1	16
Theater	11					11
Bildung	2	Wissen	2			4
Leben	1	Lebensart Lebensgewohnheiten Lebensnormen	1 1 1			4
Gemeinschaft	2	Gemeinsamkeit	1			3
Stadt	1	Städte		alte Städte	1	3
Kino	3					3
Museum	3					3

Das Wort ›Kultur‹ taucht bei den Punks nicht auf. Es liegt also kein Vergleichsmaterial vor, daher kann auf eine Besprechung des semantischen Profils verzichtet werden.

Liebe

Grundwort	n	Varianten	n	Ausdrücke	n	Σ
Glück	7	Glücksgefühl Glückszustand	1 1			9
Leben	4	Lebenseinstellung lebenswichtig	1 2	leichtfertig benutzt	1	8
Vertrauen	7					7
Freund	1	Freunde Freundin Freundschaft	2 2 1			6
Familie	4					4
schön	4					4
Zuneigung	4					4
Gefühl	2	Gefühle	1			3
Herz	1	Herzklopfen	2			3
Geborgenheit	3					3
Sex	3					3
Toleranz	3					3

Das semantische Profil von ›Liebe‹ unterscheidet sich vom einzelkulturellen Diskurs und vom subkulturellen Diskurs der Punks durch die Anzahl und die Hierarchie der das Wort erklärenden Nennungen. So werden hier nicht wie im einzelkulturellen Diskurs und bei den Punks ›Sex‹ und ›Vertrauen‹ am häufigsten zur Erklärung herangezogen, vielmehr wird das Wort ›Liebe‹ zunächst durch ›Glück‹ (9mal) und ›Leben‹ (8mal) semantisiert. Erwähnenswert ist, daß im Gegensatz zu den Punks bei den Studenten die Komponente ›Familie‹ (4mal) auftaucht, hierin stimmen sie mit dem einzelkulturellen Diskurs überein.

Musik

Grundwort	n	Varianten	n	Ausdrücke	n	Σ
Disco	2	Country Punkrock Hip Hop New Model Army Pop Rhythmus Reggae Rock Rock n Roll Bach Oper	1 1 1 1 1 1 1 1 1 1			12
Tanzen	7	Tanz	2			9
Spaß	8					8
Entspannung	7					7
Stimmung	3			Stimmung erzeugend Stimmungen aufnehmen	1 1	5
Gefühl	2	Gefühle	2			4
laut	3	Lautstärke	1			4
Klang	4					4
Freizeit	2	Freizeitgestaltung	1			3
Instrumente	2	Instrument	1			3
Harmonie	3					3
Melodie	3					3
Noten	3					3
schön	3					3
singen	3					3

Im Vergleich mit der Semantik von ›Musik‹ in der studentischen Erhebung ist das semantische Profil des Wortes bei der punkschen Untersuchung viel flacher, aber wesentlich breiter ausgeprägt. Bei den Studenten werden verschiedene Arten von Musik genannt: ›Rock‹, ›Reggae‹, ›Rock'n'Roll‹ und Ausdrücke, die den Bereich der Musik charakterisieren: ›Noten‹ (3mal), ›Instrumente‹ (2mal), ›Harmonie‹ (3mal). Die Studenten versuchen eher die lexikalische Bedeutung des Wortes ›Musik‹ anzugeben, wogegen das Wort bei den Punks deutlich subkulturell geprägt ist. In der studentischen Untersuchung fehlt die für die Punks so wichtige Komponente ›Leben‹ mit ihren verschiedenen Varianten: ›Lebensgefühl‹ (4mal), ›Lebensinhalt‹ (2mal), ›Lebensdefinition‹ (1mal) gänzlich; bei den Punks wird die Komponente ›Leben‹ immerhin am zweithäufigsten genannt (25mal).

Natur

Grundwort	n	Varianten	n	Ausdrücke	n	Σ
grün	10	Grünzeug	1			11
Leben	4	Lebensraum lebenswichtig	2 3	Raum zum leben	1	10
Tiere	7	Viecher	1			8
Schönheit	4	schön	3			7
Wald	5	Regenwald Waldsterben	1 1			7
Ruhe	6					6
Bäume	3	Baum	1			4
Umwelt	2	Umweltverschmutzung	1	unzerstörte Umwelt	1	4
Freiheit	4					4
Luft	4					4
Zerstörung	4					4
Blumen	2	Blümchen	1			3
Fauna	1	Flora Flora und Fauna	1 1			3
Meer	3					3
Ökologie	3					3
Wasser	3					3

Das Wort taucht nur bei den Studenten auf. Es liegt also kein Vergleichsmaterial vor.

Politiker

Grundwort	n	Varianten	n	Ausdrücke	n	Σ
Korruption	6	korrupt	5			11
Lügen	4	Lüge Lügner verlogen	1 1 1			7
Macht	4	Machtbesessenheit machtgeil machthungrig	1 1 1			7
Schwätzer	3	schwätzen Gelaber Laberköpfe Wortjongleure	1 1 1 1			7
Diäten	3	Diätenerhöhung	1			4
Unehrlichkeit	2	unehrlich	2			4
dick	2	Dickbäuche	1			3
inkompetent	3					3

Das Wort ›Politiker‹ taucht bei allen untersuchten Gruppen auf, wobei im einzelkulturellen Diskurs nicht das Wort ›Politiker‹, sondern ›Politik‹ vorgelegt wurde. Alle drei semantischen Profile sind gleich tief ausgeprägt; das punksche besitzt jedoch die breiteste Ausprägung. Insgesamt läßt sich feststellen, daß das studentische Profil des Wortes ›Politiker‹ gewissermaßen eine Synthese des punkschen und des einzelkulturellen Diskurses darstellt. Alle drei semantischen Profile sind sich sehr ähnlich. In der studentischen Erhebung werden ›Politiker‹ sowohl durch neutrale Begriffe: ›Kohl‹ (2mal), ›Wahlen‹ (2mal), ›Diäten‹ (3mal) semantisiert als auch durch emotional geladene Wörter wie: ›lügen‹ (7mal), ›Schwätzer‹ (7mal), ›dick‹ (3mal), die besonders im punkschen Diskurs stark vertreten sind und im einzelkulturellen Diskurs fehlen.

Punk

Grundwort	n	Varianten	n	Ausdrücke	n	Σ
bunt	6	bunte Haare	2			21
		farbig	1			
		farbige Haare	1			
		Frisur	1			
		grell	1			
		grüne Haare	1			
		Haare	2			
		Irokese	1			
		Irokesenschnitt	2			
		Nietengürtel	1			
		Piercing	1			
		Sicherheitsnadeln	1			
Musik	13					13
Anarchie	7			etwas Anarchie	1	8
Alkohol	3					3
laut	3					3
Spaß	3					3

Im Vergleich mit der punkschen Befragung zeigt sich, daß die Studenten das Wort aus einer Außenperspektive heraus erklären. Die ideologische Komponente ›Leben‹, die bei den Punks 25mal auftaucht, kommt nur 2mal, und zwar als ›Lebensphilosophie‹ im studentischen Profil vor. Die Studenten definieren das Wort, indem sie überwiegend äußerliche Auffälligkeiten der Punks nennen: ›bunte Haare‹, ›Piercing‹, ›Nietengürtel‹ und ›Sicherheitsnadeln‹. Die Punks definieren sich selbst nur mit einem Adjektiv: ›geil‹ (5mal), werden dagegen von den Studenten durch Begriffe wie: ›bunt‹ (21mal), ›laut‹ (3mal), ›schrill‹ (2mal) charakterisiert.

Sex

Grundwort	n	Varianten	n	Ausdrücke	n	Σ
Liebe	15					15
Spaß	13					13
Leidenschaft	5					5
Lust	5					5
geil	3	Geilheit	1			4
Befriedigung	4					4
bumsen	1	ficken	1			3
		Geschlechtsverkehr	1			
Aids	3					3
Bett	3					3
Orgasmus	3					3
schön	3					3

Das semantische Profil des Wortes ›Sex‹ ist bei den Studenten tiefer, aber etwas schmaler ausgeprägt als bei den Punks. Inhaltlich wird das Wort von beiden Gruppen ähnlich semantisiert. Am häufigsten werden in beiden Untersuchungen die Begriffe: ›Spaß‹ und ›Liebe‹ genannt. Da das Wort in der allgemein-deutschen Untersuchung nicht vorkam, liegt kein Material vor, das einen Vergleich zwischen dem einzelkulturellen Diskurs und den deutschen Studenten erlauben würde.

Sicherheit

Grundwort	n	Varianten	n	Ausdrücke	n	Σ
Geld	11					11
Geborgenheit	6	geborgen	1			7
Familie	7					7
beruhigend	2	Beruhigung	1	gutes Gefühl beruhigendes Gefühl	2 1	6
Langeweile	4	langweilig	1			5
wichtig	4					4
Versicherung	2	Versicherungen	1			3
Arbeit	3					3
Schutz	3					3
Vertrauen	3					3

Da das Wort nur bei den Studenten auftaucht, kann auf die Besprechung verzichtet werden.

Sonne

Grundwort	n	Varianten	n	Ausdrücke	n	Σ
Wärme	15	warm	6			21
Sommer	11					
Leben	5	Lebenselexier lebensnotwendig Lebensqualität lebensspendend Lebenswert	1 1 1 1 1			11
Urlaub	9					9
Sonnenbrand	6	Sonnenallergie Sonnenöl	1 1			8
Strand	7					7
Energie	4	Energiequelle	2			6
hell	4	Helligkeit	1			5
Hitze	5					5
heiß	4					4
Fröhlichkeit	2	fröhlich fun	1 1			4
Hautkrebs	3					3
Licht	3					3
Meer	3					3

Die ersten drei Komponenten bei der Semantisierung von ›Sonne‹ entsprechen sich in der studentischen und in der punkschen Untersuchung weitgehend: ›Wärme‹ bzw. ›warm‹, ›Leben‹ und ›Sommer‹. Die semantischen Profile des Wortes ähneln sich in beiden Gruppen durchgängig.

Spaß

Grundwort	n	Varianten	n	Ausdrücke	n	Σ
Freunde	18					18
lachen	15					15
Freude	7	fröhlich sein fun	1 1			9
Party	4	Parties Feier	1 1			6
Spiel	3	spielen	2			5
Freizeit	5					5
Leben	2	Lebensfreude	2			4
Ausgelassenheit	3					3
Urlaub	3					3
Vergnügen	3					3

Das semantische Profil des Wortes ›Spaß‹ ist in der punkschen Untersuchung flacher, dagegen aber breiter ausgeprägt, als das der Studenten. Während die Studenten das Wort relativ differenziert (im Sinne der lexikalischen Bedeutung) erklären, umschreiben die Punks das Wort eindeutig aus der Perspektive ihrer Subkultur heraus. Von den Punks werden mit ›Spaß‹ keine Gefühle bzw. Emotionen in Verbindung gebracht. Die Studenten dagegen semantisieren das Wort mit: ›Freude‹ (9mal), ›Glück‹ (2mal), ›Heiterkeit‹ (2mal).

Streß

Grundwort	n	Varianten	n	Ausdrücke	n	Σ
Arbeit	18					18
Hektik	6	Hetze	3			9
Adrenalin	4					4
Druck	4					4
negativ	3			negativer Streß	1	4
Zeitdruck	2	Zeitmangel	1	zu wenig Zeit	1	4
Anstrengung	2	anstrengend	1			3
Erfolg	2	Erfolgszwang	1			3
positiv	2	positiver Streß	1			3
Eile	3					3
Krankheit	3					3
Nerven	3					3

Das Wort taucht nur bei den Studenten auf. Es liegt also kein Vergleichsmaterial vor, weshalb auf eine Besprechung des semantischen Profils an dieser Stelle verzichtet werden kann.

Toleranz

Grundwort	n	Varianten	n	Ausdrücke	n	Σ
Akzeptanz	8	akzeptieren	1	anderes akzeptieren andere anerkennen	1 1	11
Frieden	3			Voraussetzung für Frieden	2	5
Freundschaft	3	Freunde	1			4
Offenheit	3			offen sein	1	4
Ausländer	4					4
Freiheit	4					4
Ausgeglichenheit	3					3
notwendig	3					3

Das von den Studenten erstellte semantische Profil weicht nur unwesentlich von den beiden anderen Profilen ab. Erwähnenswert ist, daß die einzig negative Komponente, nämlich ›Ausnutzung‹ nur bei den Studenten (mit zwei Nennungen) auftaucht.

Urlaub

Grundwort	n	Varianten	n	Ausdrücke	n	Σ
Sonne	19			Sonne, Sand, Meer	1	20
Erholung	13					13
Entspannung	9					9
Spaß	7					7
Reisen	5	Reise	1			6
Ausland	5					5
Meer	5					5
Neues	1			Neues entdecken Neues kennen lernen Neues sehen	1 1 1	4
Freizeit	4					4
Strand	4					4
Ferien	3					3
Freiheit	3					3
Ruhe	3					3

Da das Wort nur bei den Studenten auftaucht (und somit Vergleichsmaterial fehlt), kann auf eine Besprechung des semantischen Profils verzichtet werden.

Vaterland

Grundwort	n	Varianten	n	Ausdrücke	n	Σ
Nationalismus	7	Nationalist nationalistisch Nationalität	1 1 1			10
Faschismus	2	3. Reich Hitler nationalsozialistisch Nazis Nazizeit	2 1 1 1 1			8
Heimat	7	Heimatsgefühl	1			8
Deutschland	7					7
Krieg	5					5
Radikalismus	1	Rassismus rassistisch Rechtsextrem rechtsradikal	1 1 1 1			5
Bundeswehr	2	Armee Militär	1 1			4
Nationalhymne	2	Nationalflagge Nationalhymnen	1 1			4

Auch dieses Wort taucht nur bei den Studenten auf, so daß keine Vergleichsbasis mit den Punks gegeben ist und eine Besprechung sich erübrigt.

6.4. Die subkulturellen Symbole der Punks

Im Resultat der Untersuchung erweisen sich folgende Wörter als subkulturelle Symbole der Punk-Subkultur. Zur Verdeutlichung ihrer Position und ihrer Rolle soll nun eine Tabelle (24) präsentiert werden, die die einzelnen Daten der Schritte 1 bis 3 in übersichtlicher Form zeigt. Dabei werden die semantischen Felder und Profile auf Stichwörter reduziert.

Tabelle 24, Die subkulturellen Symbole der Punks im Überblick (H = Hierarchie, N = Nennhäufigkeit prozentual)

Merkmal	H	N (%)		semantisches Feld	semantisches Profil
Symbol		pos.	neg.		
Freiheit	95	14,5	1,3	-	Anarchie, wichtig, muß, Spaß, Leben, gibt's nicht, keine Arbeit, schön
Musik	92	11,8	0	Musikmachen; Musik na klar	Punk, Leben, Spaß, wichtig, laut, Oi, Hardcore, Pogo, Ausdruck, Gitarre, Politik
Freunde	90	9,2	0	Freundin/innen; Freund/e: falsche, gute, echte, obwohl sie fast ausgestorben sind; Freundschaft und Liebe	Spaß, wichtig, Party, braucht man, Vertrauen, Zusammenhalt, saufen, Ehrlichkeit, reden, selten
Spaß	87	14,5	0	Spaß: ham, an der Freude, haben viel lachen	Punk, Party, muß sein, saufen, Leben, Musik, Sex, Bier, lachen, fun, wichtig, Freunde, Konzerte, ficken
Punk	81	10,5	2,6	P.rock; Dummpunk; Punker; Punks; P.-konzerte, -musik; Friede Freude Punkkonzert; Arbeiterpunx United; fun punk; Möchtegern-Punks; P. = Alkohol, = anti, = saufen + Pogo; P. als Mode; P. hc; P. rulez; P. sei dank; P.-rockorgie; Punx-Skins	Leben, Musik, Spaß, 's not dead, Anarchie, Chaostage, geil, saufen, Kult, Party, Pogo, Sid Vicious
Leben	57	7,9	0	leben lassen; Leben, weil doch der größte Teil mit Leib und Seele dran hängt	Spaß, sterben, Liebe, schön, Freiheit, Musik, genießen, Kampf, Punk, Freunde
Bier	56	11,8	1,3	Alt; Beck; Pils; Holsten; Bier – flüssig Brot; B. in dillje limo; B. ist alle; B.-Proll; B.-bäuche; B.-koster-Schande; B.-mangel; Emmos Digge B.-sorte; PC-Pils (Malzbier); alkoholfrei; schales B.; Steffi B.	lecker, schmeckt, Nahrungsmittel, geil, Durst, Party, saufen, Spaß, Alkohol, ALDI, Getränk, gut, lebensnotwendig, Rausch
Anarchie	47	6,6	0	Anarchy; Anarchismus	Freiheit, Chaos, *negativierende Komponente ›kein x‹*, Spaß, Leben, Utopie, Punk, Gleichheit, Frieden, Gesetzeslosigkeit, Traum, Gewalt, APPD
Haß	-12	0	6,6	Hass; Hass & Eifersucht; Hass als Band und als Gefühl; Hass (die Band) billig; Haß, nicht die Gruppe	Band, gegen Nazis, (Haß) auf Bullen, wichtig, Gewalt, Gefühl, Scheiße, Wut, Bonzen, schlecht, Zerstörung
Deutschland	-42	1,3	5,3	Doitschland; BRD; deutsches Reich; doitsche Kultur; Deutschtum – gibt's doch in Wirklichkeit	Nazis, verrecke, Scheiße, Spießer, Faschismus, Kohl, Hitler, Haß

Merkmal	H	N (%)		semantisches Feld	semantisches Profil
Bullen	-54	0	10,5	Polizei; Bulle/n; Zensur; B.-tatütata, -schwein/e; dumme Cops	Scheiße, grün, Schweine, Faschisten, Knüppel, dumm, Roboter, Gewalt, Befehlsempfänger, brutal, Beamte, Chaostage, Idioten, Nazis, Schläger
Politiker	-64	0	22,4	Politik; Politikverdrossenheit; Politik auf jeden Fall die im Moment	Lügner, Kohl, korrupt, Geld, Diäten, fett, Heuchler, Arschloch, Betrüger, Idioten, Macht, Scheiße, Marionetten, Mörder
Kommerz	-70	0	6,6	-	Geld, Scheiße, Kapitalismus, MTV, Ausbeutung, Ärzte, Green Day, Weihnachten, Bonzen, Gier, Tote Hosen, Werbung
Kirche	-72	0	7,9	Papst; Kirche – Papst; Kirchen und Sekten; Papst – Kirche	Lügen, Papst, nein, Unterdrückung, Geld, Intoleranz, langweilig, Kommerz, unnötig, Verdummung
Nazis	-91	0	10,5	Nazi: -faschist, -fascho, -parolen, -punks; Nazis: ärgern, die sollen alle raus hier, -Faschismus, hauen; Neo-N., tote N., toter N.	dumm, Scheiße, raus, Arschlöcher, fuck, Idioten, Faschismus, Hirnamputierte, braun, Haß, Hitler, Abschaum, bekämpfen, Mitläufer

6.5. Zusammenfassung der Untersuchungsergebnisse

Insgesamt kann zunächst festgestellt werden, daß die Gruppe der Punks in der deutschen Kultur ein eigenes kulturelles Subsystem darstellt, das sich durch einen subkulturellen Diskurs auszeichnet, der vom einzelkulturellen Diskurs verschieden ist.
Im ersten Schritt der Untersuchung, bei dem die Vpn die für sie wichtigen Wörter nennen sollten, wurde festgestellt, daß die Antworten der Punks deutlich vom einzelkulturellen Diskurs abweichen (vgl. die Untersuchung von Fleischer, 1996). So nennt die Gruppe der Punks allein 19 Wörter, die in der allgemein-deutschen Umfrage entweder nicht oder nicht signifikant häufig vorkommen. Es handelt sich um folgende Begriffe: ›Punkrock‹, ›Techno‹, ›Bier‹, ›Konzerte‹, ›Punk‹, ›Bullen‹, ›Nazis‹, ›Spießer‹, Chaos‹, ›Hardcore‹, ›OX‹, ›Sexismus‹, ›Anarchie‹, ›Deutschland‹, ›Kommerz‹, ›Plastic Bomb‹, ›Pogo‹ ›Religion‹, ›straight edge‹. Die eindeutig positive oder negative Bewertung dieser Begriffe macht die Selbstdefinierungs- bzw. Abgrenzungsfunktionen, die sie in der Subkultur der Punks haben, deutlich. So werden Wörter wie ›Punk‹, ›Punkrock‹, ›Konzerte‹ und ›Bier‹, die sich auf die eigene Subkultur beziehen, stark positiv bewertet. Wörter dagegen, die eine Abgrenzungsfunktion der eigenen Subkultur gegenüber anderen erfüllen, wie z.B. ›Kommerz‹ oder ›Techno‹, oder Ausdrücke, die etwas bezeichnen, von dem die Punks sich distanzieren, z.B. ›Bullen‹, ›Nazis‹, ›Spießer‹, werden als eindeutig negativ bezeichnet.
Bereits an dieser Stelle der Untersuchung ließ sich vermuten, daß es sich bei der Gruppe der Punks um eine eigenständige Subkultur mit einem eigenen subkulturellen Diskurs handelt.

Auch in der in Schritt 2 der Untersuchung ermittelten Bewertung der Wörter zeigen sich deutliche Unterschiede in der Hierarchisierung bestimmter, nämlich diskursspezifischer Wörter zwischen der Gruppe der Punks und der Einzelkultur. Wie erwähnt, werden von den Punks solche Begriffe äußerst positiv bewertet, die zur Bestimmung des eigenen subkulturellen Bereichs dienen, diese Begriffe sind z.T. im einzelkulturellen Diskurs nicht relevant und werden darüber hinaus von der Gruppe der Studenten signifikant anders bewertet. Beispielsweise werden die Wörter ›Bier‹ von den Punks mit +56, von den Studenten mit +27 und ›Antifaschismus‹ von den Punks mit +89 und von den Studenten mit +39 eingestuft. Desweiteren konnten einige Begriffe ermittelt werden, die im subkulturellen Diskurs der Punks eine dem einzelkulturellen Diskurs entgegengesetzte Bewertung aufweisen. So wird z.B. der Begriff ›Arbeit‹ von den Punks mit -10 bewertet, im einzelkulturellen Diskurs mit +52, ›Politik/Politiker‹ wird von den Punks bei -64 und in der Einzelkultur allgemein bei +3

eingestuft, ›Ausländer‹ bewerten die Punks zweimal positiver als die Vpn der allgemeindeutschen Befragung, nämlich mit +48 zu +24.
Neben den genannten Unterschieden treten aber bei der Bewertung einiger Wörter auch Parallelen zum einzelkulturellen Diskurs auf. Interessanterweise wurden von den Punks solche Wörter dem einzelkulturellen Diskurs ähnlich bewertet, die aus eben diesem – einzelkulturellen – Diskurs stammen und allgemeinkulturelle Werte und Normen repräsentieren, weshalb sich vermuten läßt, daß es sich hier um solche Wörter handelt, die im subkulturellen Diskurs selbst nicht von diskursspezifischer Bedeutung sind, bei denen die Punks daher auf den einzelkulturellen Diskurs zurückgegriffen haben. Es handelt sich um die Begriffe ›Ehrlichkeit‹, ›Freiheit‹, ›Freundschaft‹, ›Frieden‹, ›Krieg‹, ›Liebe‹, ›Toleranz‹. Die Parallelen in der Bewertung belegen das Vorhandensein eines integrativen Bereichs zwischen dem einzelkulturellen und dem subkulturellen Diskurs, eine Vermutung, die im dritten Teil der Untersuchung bestätigt werden konnte.
Auch dieser Teil der Untersuchung deutet darauf hin, daß es sich bei der Gruppe der Punks um eine eigenständige Subkultur handelt.

In Schritt 3 der Untersuchung wurden die semantischen Profile der Wörter ermittelt. Es sollte herausgefunden werden, welche Begriffe eine spezifische subkulturelle Bedeutung aufweisen und wie diese ausgeprägt ist. Es wurden im Ergebnis dann solche Wörter als subkulturelle Symbole der Punk-Subkultur qualifiziert, die a) von den Punks selbst genannt wurden (Schritt 1), die b) eine subkultureigene Bewertung erfuhren (Schritt 2) und die c) eine spezifische subkulturelle Bedeutung aufweisen, die von den Punks also anders als im einzelkulturellen Diskurs semantisiert werden, bzw. die von den Punks abweichend von ihrer rein lexikalischen Bedeutung semantisiert wurden.
Im folgenden werden zunächst die Wörter aufgelistet, die als Symbole der Punk-Subkultur qualifiziert werden konnten. Ihre spezifische subkulturelle Bedeutung wird, in Stichworten zusammengefaßt, ebenfalls angegeben. Diese durch die Untersuchung ermittelten Wörter stellen also zumindest einen Teil des in der Punk-Subkultur verwendeten Repertoires an subkulturellen Symbolen dar. Sie sind, so unser Ergebnis, zentraler Bestandteil dieses subkulturellen Diskurses und erlauben seine Abgrenzung vom einzelkulturellen Diskurs. Im weiteren werden jene Wörter zusammenfassend aufgelistet, die im Punk-Diskurs ebenfalls abweichend vom einzelkulturellen Diskurs semantisiert werden, die für den Punk-Diskurs selbst jedoch nicht von zentraler Wichtigkeit sind und bei denen man also nicht von Symbolen dieser Subkultur sprechen kann. Bei diesen Wörtern handelt es sich um solche, die in der ganzen deutschen Kultur von aktueller Wichtigkeit sind; an ihnen läßt sich, so ein weiteres Ergebnis der Analyse, eine für die Punk-Subkultur spezifische ›Sicht der Dinge‹ (Weltsicht) ablesen, die von der der deutschen Kultur insgesamt abweicht. Abschließend werden noch die in der Untersuchung aufgetretenen Wörter genannt, die von den Punks ähnlich wie im einzelkulturellen Diskurs semantisiert wurden, die also den integrativen Bereich des Punk- und des einzelkulturellen Diskurses repräsentieren. Hierbei handelt es sich vor allem um Kollektivsymbole, die den in der Kultur geltenden Konsensbereich repräsentieren. Diese Wörter weisen darauf hin, daß subkulturelle Diskurse mit dem ihnen übergeordneten einzelkulturellen Diskurs in Zusammenhang stehen, daß es sich hierbei also nicht um geschlossene Diskurs-Systeme sondern um Bereiche handelt, die sich in gewissem Maße überlappen bzw. ineinandergreifen. Anders formuliert könnte man auch sagen, daß die Träger der Punk-Subkultur und Teilnehmer am subkulturellen Punk-Diskurs immer auch Träger der allgemeinen deutschen Kultur und Teilnehmer am einzelkulturellen Diskurs sind.

Subkulturelle Symbole des Punk-Diskurses:

Anarchie
Freiheit, Chaos, negativierende Komponente ›kein x‹, Spaß, Leben, Utopie, Punk, Gleichheit, Frieden, Gesetzeslosigkeit, Traum, Gewalt, APPD

Bier
lecker, schmeckt, Nahrungsmittel, geil, Durst, Party, saufen, Spaß, Alkohol, ALDI, Getränk, gut, lebensnotwendig, Rausch

Bullen
Scheiße, grün, Schweine, Faschisten, Knüppel, dumm, Roboter, Gewalt, Befehlsempfänger, brutal, Beamte, Chaostage, Idioten, Nazis, Schläger

Deutschland
Nazis, verrecke, Scheiße, Spießer, Faschismus, Kohl, Hitler, Haß

Freiheit
Anarchie, wichtig, muß, Spaß, Leben, gibt's nicht, keine Arbeit, schön

Freunde
Spaß, wichtig, Party, braucht man, Vertrauen, Zusammenhalt, saufen, Ehrlichkeit, reden, selten

Haß
Band, gegen Nazis, (Haß) auf Bullen, wichtig, Gewalt, Gefühl, Scheiße, Wut, Bonzen, schlecht, Zerstörung

Kirche
Lügen, Papst, nein, Unterdrückung, Geld, Intoleranz, langweilig, Kommerz, unnötig, Verdummung

Kommerz
Geld, Scheiße, Kapitalismus, MTV, Ausbeutung, Ärzte, Green Day, Weihnachten, Bonzen, Gier, Tote Hosen, Werbung

Leben
Spaß, sterben, Liebe, schön, Freiheit, Musik, genießen, Kampf, Punk, Freunde

Musik
Punk, Leben, Spaß, wichtig, laut, Oi, Hardcore, Pogo, Ausdruck, Gitarre, Politik

Nazis
dumm, Scheiße, raus, Arschlöcher, fuck, Idioten, Faschismus, Hirnamputierte, braun, Haß, Hitler, Abschaum, bekämpfen, Mitläufer

Politiker
Lügner, Kohl, korrupt, Geld, Diäten, fett, Heuchler, Arschloch, Betrüger, Idioten, Macht, Scheiße, Marionetten, Mörder

Punk
Leben, Musik, Spaß, 's not dead, Anarchie, Chaostage, geil, saufen, Kult, Party, Pogo, Sid Vicious

Spaß
Punk, Party, muß sein, saufen, Leben, Musik, Sex, Bier, lachen,
fun, wichtig, Freunde, Konzerte, ficken

Wörter, die im subkulturellen Diskurs der Punks stark abweichend vom einzelkulturellen Diskurs bewertet und semantisiert werden. Diese Wörter sind zwar in der Punk-Subkultur nicht von zentraler diskursiver Bedeutung, sie deuten aber eine im Hinblick auf bestimmte gesellschaftlich aktuelle ›Themen‹ spezifische Weltsicht der Punk-Subkultur an (PSK = Punk-Subkultur; DEK = deutsche Einzelkultur):

Arbeit
(PSK): Geld, muß sein, Streß, Scheiße, notwendig, ›kein‹, anstrengend, früh aufstehen, Ausbeutung, Langeweile, lästig, Zwang
(DEK): Geld, Sicherheit, Beschäftigung, Streß, Wohlstand, Leben, Job, Kollegen, Spaß, Zukunft, Selbstverwirklichung, Erfolg, Ansehen, Urlaub

Ausländer
(PSK): Menschen, Freunde, Kultur, Multikultur, Kumpel, Döner, O.K., interessant
(DEK): Kultur, Fremde, anders, Türken, Asylanten, Kriminalität, Gastarbeiter, Menschen, Drogen, Freundschaft

Demokratie
(PSK): klappt nie, Lüge, Volksherrschaft, gut, BRD, Politiker, Wahlen, Anarchie, Freiheit, Heuchelei, Meinungsfreiheit, Scheiße, wichtig
(DEK): Wahlen, Freiheit, Parteien, Gerechtigkeit, Mitbestimmung, Gleichheit, Parlament, Volk, Deutschland, Politik,

Geld
(PSK): notwendig, braucht man, ›macht‹, Macht, regiert die Welt, stinkt, Kommerz, Arbeit, Bier, CD's, leider, wichtig
(DEK): Macht, Reichtum, Sicherheit, Arbeit, Luxus, Wohlstand, Freiheit, Unabhängigkeit, Konsum, Auto, kaufen, Armut, Bank, Glück, Erfolg

Wörter, die den integrativen Bereich von Punk- und einzelkulturellen Diskurs repräsentieren:

Ehrlichkeit
(PSK): wichtig, Freunde, Vertrauen, selten, gut, schwierig, Treue
(DEK): Vertrauen, Freundschaft, Wahrheit, Aufrichtigkeit, Tugend, Offenheit, Treue, Mut, Gewissen, Zuverlässigkeit, wichtig

Familie
(PSK): Kinder, Halt, Streß, wichtig, Geborgenheit, Vater, nervt, Liebe, Mutter, Streit, Ärger, Eltern, Scheiße, Weihnachten, Zwang
(DEK): Kinder, Geborgenheit, Liebe, Sicherheit, Zusammenhalt, Eltern, Gemeinschaft, Haus, Freude, Glück, Ehe, Frau, Geschwister, Schutz, Unterstützung

Freundschaft
(PSK): wichtig, Vertrauen, Spaß, Ehrlichkeit, Zusammenhalt, Freunde, Liebe, Hilfe, geil, Toleranz
(DEK): Vertrauen, Freunde, Liebe, Treue, Hilfe, Ehrlichkeit, Gemeinsamkeit, Spaß, Partnerschaft, Geborgenheit, Freizeit, Unterstützung, wichtig,

Krieg
(PSK): Tod, Bosnien, Scheiße, Zerstörung, Mord, Leid, Angst, Haß, Macht, Schmerz, Soldaten, überall
(DEK): Tod, Zerstörung, Haß, Gewalt, Waffen, Vernichtung, Elend, Leid, Angst, Armut, Grausamkeit, Soldaten, Blut, Bomben, Bosnien, Hunger, Atom, Frieden, Macht

Liebe
(PSK): Freundin, Sex, wichtig, Vertrauen, schön, Zärtlichkeit, Geborgenheit, Treue, Ehrlichkeit, ficken, Schmerz
(DEK): Sex, Vertrauen, Freundin, Glück, Partnerschaft, Ehe, Familie, Treue, Liebe, Geborgenheit, Zuneigung, Gefühl, Wärme, Zärtlichkeit, Kinder

Toleranz
(PSK): wichtig, Verständnis, Akzeptanz, Frieden, Punk, Freiheit, Anarchie, Ausländer, egal, muß sein
(DEK): Akzeptanz, Freiheit, Ausländer, Offenheit, Verständnis, Partnerschaft, Liberalismus, Tugend

Unter Berücksichtigung der Ergebnisse aus Schritt 1 und 2 der Untersuchung und aufgrund der in Schritt 3 ermittelten semantischen Profile der erhobenen Begriffe, kann insgesamt festgestellt werden, daß die Gruppe der Punks in der deutschen Kultur eine eigene Subkultur darstellt, die sich durch einen subkulturellen Diskurs auszeichnet, der vom einzelkulturellen Diskurs verschieden ist. Neben den Unterschieden zwischen dem Punk- und dem einzelkulturellen Diskurs, die eine Abgrenzung beider voneinander erlauben, gibt es aber auch einen integrativen Bereich, in dem der Punk- und der einzelkulturelle Diskurs übereinstimmen, bzw. zusammenfallen. Dies deutet darauf hin, daß es sich beim subkulturellen Diskurssystem der Punks und beim einzelkulturellen Diskurssystem um zwei miteinander vernetzte Systeme innerhalb der deutschen Kultur handelt.

6.6. Die Vernetzung der Diskurssymbole der Punk-Subkultur

Wie oben zu beobachten war, sind die analysierten Wörter in semantischer Hinsicht miteinander verbunden, sie charakterisieren sich gegenseitig und bilden dadurch ein Netz gegenseitiger Beeinflussungen. Wir nennen diesen Effekt *semantische Vernetzung*. Dabei ist festzustellen, daß die Vernetzung mit unterschiedlicher Stärke auftritt. Einige Symbole werden von mehreren anderen umschrieben und dienen gleichzeitig selbst zur Umschreibung zahlreicher Symbole, andere wiederum werden zwar mit Hilfe mehrerer Symbole in ihrer Semantik bestimmt, charakterisieren aber selbst keine oder nur wenige andere Wörter, so daß man von einer *definitorischen Kraft* der Symbole sprechen kann, die in zwei Varianten vorliegt. Einerseits wird ein gegebenes Symbol von n anderen Wörtern in seinem eigenen Profil semantisiert, andererseits dient es selbst zur Semantisierung von n anderen Wörtern in ihren Profilen. In dieser Situation lassen sich im Rahmen der semantischen Vernetzung zwei Indikatoren konstruieren: Man kann von einer *diskurssymbolischen Sättigung* des semantischen Profils und von einer *Semantisierungskraft eines Kollektivsymbols* sprechen.
Es sollen nun die Verzweigungen der Diskurssymbole graphisch dargestellt werden, um sichtbar zu machen, wie sich die Funktionen der Knotenpunkte konkret manifestieren. Das Diagramm stellt nur das Netz der Diskurssymbole dar, die übrigen Wörter werden nicht berücksichtigt.

Diagramm 25, Die Vernetzung der Diskurssymbole

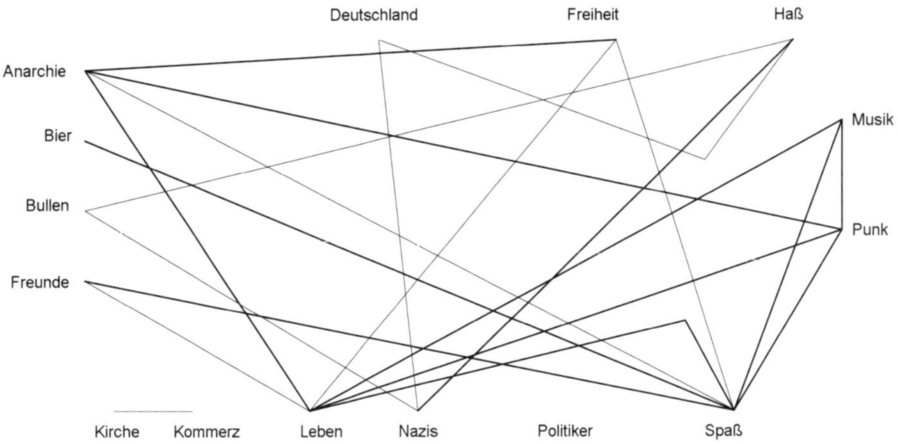

7. Exkurs

7.1. Sprachliche Besonderheiten der Punk-Umfrage

Bei der im ersten Umfrageschritt ermittelten Gesamtheit aller Wörter und Ausdrücke der Punks (1705 Types) und der Studenten (1503 Types) fällt ein grundlegendes Unterscheidungsmerkmal zwischen beiden Untersuchungsgruppen auf: Während die Studenten die Fragebögen im allgemeinen »ordnungsgemäß« und, von einigen Rechtschreibfehlern abgesehen, korrekt ausfüllten, gingen die Punks eher humorvoll und spielerisch mit der ihnen gestellten Aufgabe um. Dies zeigt sich bereits bei den Angaben zur Person: Während die Studenten fast ausnahmslos vollständige Aussagen über sich machen – die einzige Ausnahme bildet eine ungewöhnliche Angabe zur Muttersprache: *Saarländisch* –, finden sich in 28 von 76 Fragebögen (36,8%) der Punks launische Antworten auf die Fragen nach Geschlecht, Alter, Schulabschluß und Beruf. Ernsthafte Aussagen finden sich bezüglich des Alters. Hier gibt es nur 2 Abweichungen: 80 *(zusammen)* bezieht sich auf einen ›Kollektiv-Bogen‹ für drei Personen; für eine Vpn scheint es eine Art Altersobergrenze zu geben, die nicht weiter präzisiert werden darf: 25+x. In weitaus stärkerem Maße reizt die Frage nach dem Schulabschluß (*Schule??*; [mehrfach] *ja*; *NotAbitur*) oder dem Beruf (*häh????*; *PUNK!...- Postfrosch*; *Küchenschabe*, *Klofrau*, *Terrorist*, *Seuchenvogel*, *Brustwarzenklempner*, *Mülltonne*, *Gartenzwerg*, *Klobürste* usw.) zu eigenwilligen Kommentaren. Mit 18 Abweichungen (das entspricht 23,7%) von der korrekten Antwort ›männlich‹ bzw. ›weiblich‹, scheint die Frage nach dem Geschlecht durchaus keine leicht zu beantwortende zu sein. Das Spektrum reicht hier vom affirmativen *MALE*, *Kerl*, *MANN*, *Rüde* über die [*Zeichnung eines männlichen Gliedes*], [*nach unten abknickenden Pfeilen des Symbols für maskulin*] und hab'n *Pimmel* bis hin zu Angaben wie *wahrscheinlich männlich*; *Männchen*; *männlich (glaub' ich)* oder [*Symbol für feminin*] oder [*Symbol für maskulin mit nach unten abknickendem Pfeil*].

Der schon bei der ersten flüchtigen Durchsicht gewonnene Eindruck von einer unterschiedlichen diskurshaften Ausrichtung der Formulare bestätigte sich bei der zahlenmäßigen Auswertung aller vom deutschen einzelkulturellen Diskurs orthographisch oder lexikalisch abweichenden sprachlichen Besonderheiten. Hierfür kommen bei den Punks insgesamt 472 auffällige Wörter/Ausdrücke (ohne Berücksichtigung der Angaben zur Person) in Frage, die somit einen Anteil von 27,7% aller Nennungen stellen. Bei den Studenten konnten bei denselben Auswahlkriterien lediglich 121 auffällige Wörter/Ausdrücke (8,1% der Nennungen) als von der sprachlichen Norm des einzelkulturellen Diskurses abweichend eingestuft werden.

Bezogen auf alle Fragebögen des ersten Schrittes finden sich ungewöhnliche Angaben zur Person und sprachliche Besonderheiten in insgesamt 73 der 76 Fragebögen der Punks, aber nur in 47 der 88 Studenten-Formulare. Bei den Punks ist damit die vom deutschen einzelkulturellen Diskurs abweichende sprachliche Form die Regel, bei den Studenten betrifft sie nur etwas mehr als die Hälfte der Vpn.

Tabelle 26, Sprachliche Besonderheiten, prozentualer Anteil

	Anzahl der Fragebögen	Sprachliche Besonderheiten auf n Bögen	Types, insg.	Types, sprachlich abweichend	Anteil %
Studenten	88	47	1503	121	8,1
Punks	76	73	1705	472	27,7

Im folgenden sollen die jeweiligen sprachlichen Besonderheiten der Punks und der Studenten in typische Kategorien eingeteilt aufgelistet werden.

7.1.1. Abweichende Orthographie

1. FC NÜÜRNBERG
Abgefahrn
Anifa
Arbeiterpunx united
Auf Tour geh'n
Bringts irgendwie nicht
Deutschtum (gibt's doch in wirkl...
Doitsche Kultur
Doitschland
Drogen sind nie wech
Führerschein wech
Für's p b schreiben
Geh'mir aussem Leben
Geld (obwohl mans braucht)
Hassenichtgesehn'
Hilfee
Holland fahr'n
Inne Pampa gematscht
Is'doch albern
Ist nie weck
Kleene oder Kleener
Korreckt
Mach ne Kreuzfahrt
Mettell (Black-, Death-, etc.)
Moppeddd
Mothafucka
Nasenbärn
Paaady!
Pisskopp
Punk rulez
Punx + Skins
Raver umhau'n
Sauf'n
Schafft nix
Schamlippis
Schlunzkopp
Setz Dich auf'n Finger
So'n Student (ganz schlimm)
Spaß ham'
Straight edge (solange sichs im Rahmen hält)
Tas Kaf
Voll fürn Arsch
Voll inne Bredullie
Vom Kob um 6 Uhr rausgeklingelt werden wegen Falschparkens
Von's Land
'Was rauch'n
Wasserkopp
Wat geht ab
Wech
Weghau'n
Wix Vorlage
Wixn
Wixxa
Worscht (= Wurst)

7.1.2. Anglizismen

Abgefuckt
Action
Age/acme/abyss/abolition
Anarchy [A als Anarchiezeichen]
Antichoice
Arbeiterpunx united
Asshole
Backstage
Back to the 77 roots
Bad
Bad stuff
Baseball
Baseballcap
Bitch (= Tunte)
Braindead
Bullshit
Chainsaw
Chicks
Concerts
Cool
Cops
Country
Cows
Crack
Crap
Crossover
Cruelty free
Dancefloor
Dealer
Dirty
Do it yourself
Do the bart
Docs
Dope
Dreamin'
Drogen sind cool
Drugs
Dumme cops
Eat my shorts
Eat shit
Engage
Fanzines
Faschistische Tapeshows
Fine

Fingerprint
Flower Power
Free party
Fuck
Fuck die Henne (oder geh zur Penne)
Fuck ficken
Fuck off and die
Fuck ya
Fuck you
Fuckin'nice
Fun!
Fun punk
Funky
Generation X
Girlie
Graffiti
Groupietum
Grunger
Hard rock
Hardcore
Hardcore hiphop szene
Hardliner
Hardrock
Hc
Hc concert
Hippie
Hippie (-scheiße)
Hippies
Hollywood mainstream
Hyper hyper
Independent
Intro
Jerk
Joint
Junkies
»Just for fun«
Keine laws
Kicks asses
Kiddies (ganz böse)
Kiddy
Kiss my ass
LAPD KKK
Leather
Lip gloss
Loosen
Love
Lutscher sucker
Madbell
Made
Mainstream
Major
Majorlabel
Majorlabels
Majors
Metal
Metal (mit vernünftigen Texten)
Mettell (Black-, Death-, etc.)
Mothafucka
Motherfucker
Murdered Art
Music
Namedropping
Nice price
OK
Old school « new school
Open air
Outen
PC
PC Pils (Malzbier) (alkoholfrei + vegan)
Parental advisory
Peace of shit
Political correct (haha)
Poser
Poser (scheiß Wort, stimmt aber)
Poserpack
Positive mental attitude
Power
Pretty
Pseudo indie
Punk as fuck
Rave
Raver
Raver umhau'n
Real punk-rock
Reunion
Roman »The Rep« Herzog
Rykers
Save the vinyl!!!
Scene
Scumrock
Sell out
Sex drugs and rock'n'roll
SHARP Front
Shater
Skinhead
Slut (= Schlampe)
Snaps
Sound
Spanked
Splat[t]erfilm
Sprayen
Stagediving
Stoned ® walgo
Straight edge
Straight edge (solange sichs im Rahmen hält)
Straight edge xxx
Straightedge
Street rock'n'roll
Sucker
Sun
Tapes

Techno
This sucks
Trendy
United
Unity
Yeah!
Yo! That's

7.1.3. Wortkreationen

Alkoholoka
Allohol
Anpasser
Antialk
Bananenflöte
Bifidus
Bierkotzer (Schande)
Bioharald
Blausau
Bratulfrak
Buß Bet Tag (oder so ähnlich)
Den ratachachacha tanzen
Doppelplusgut
Dummpunk
Fahrenzeln
Fappel
Faschoalarm
Futtlappen
Gemüsefäustling
Gesellschaftsmensch
Glufuß
Grattler
Harz + bunt
Haschgift
Heftibrak
Hosenblaser
Hurevotz
Idiotenmagnet
Industriekaufmensch
Intellent Complex
Käppifalschherumdeppen (hab mal einen angetippt und gesagt ey: du hast die Mütze falsch herum auf voll geil, das Gesicht wie schön blöd der geglotzt hat!)
Kätzin
Kasulken
Kebschull
Kifferkult
Kofi
Kotessen
Kotmurmel
Krawallero
Luftfuß
Lufuß
Matschtittis
Mega...irgendwas
Motzende Angepogte
Muschgestank
Neckermänner
Nichttrinker
Oberlippo
PC Pils (Malzbier) (alkoholfrei + vegan)
Peisel
Pissflitsch
Plastikmusik
Pohatak
Politidioten
Poschni
Pralt
Prochoilt
Pummelnasen
Pydry (gespr.: Püdrii)
Rechtsausleger
Rockerbrause
Rufuß
Sait
Saugedesta
Schabrack
Schamhaarspliss
Schamlippis
Schlammbrake
Schleimröhre
Schlomung
Schlunze
Schratze
Schuhfuß
Seiberbacke
Spalter
Spraß
Stützstrumpfpogo (ha, ha)
Szenie
Teddyhadaben
Vollbunt
Wahlbegeisterung
Walwerbespots
Winddreher
XXX
XXXXXXXXXXX
Yops
Zigarettenbürschel

7.1.4. Wortspiele

Anal oral von hinten von vorne
Asozial scheißegal
Dödelrödel
Friede Freude Punkkonzert
Fuck die Henne (oder geh' zur Penne)
Hokus Lokus Lesibus (fanzineslogan)
Punk sei Dank
Swoonsfallera
Zoschen und moschen
Arschloch + der Scheißhauseffekt
[dahinter: Ozonloch + Treibhauseffekt]

7.1.5. Phrasen

»Auch schön«
Billige Anmache
Bringt's irgendwie nich!
Das ist mir aber unangenehm
Das ist unser Ding
Der Geier weiß das
Do it yourself
Dumm gelaufen
Erschieß dich!
Erste Sahne
Fick dich ins Knie
Freut mich
Geh kacken Bruder oder Schwester
Hassenichtgesehn'
Haut hin
Is doch albern
Just for fun
Kein bock
Komm mal klar
Kommt nicht in Frage
Mir doch egal
Natürlich nicht
Nicht schlecht
Pack dich lecker unten bei
Richtig nett
(sau) dumm gelaufen
Schafft nix
Super-affen-titten-geil
Total abgefahren
Vergiß es
Verraten und verkauft
Voll fürn Arsch
Wat geht ab
Zu dämlich

7.1.6. Onomatopoesie

Äh Drogen
Blubber
Bullen tatütata
Ende huah!
Jodeldideldei
OH-OH
Ostler! (hehe)
Political correct (haha)

7.1.7. Vulgärausdrücke

Abgefuckt
Abkacken
Alte Pottsau (geht auch positiv)
Anscheißen
Arschfick
Arschfotze männlich
Arschgesicht
Arschloch + der Scheißhauseffekt
Arschlöcher Snobs
Arschpikel
Asozial scheißegal
Asshole
Bayernschwein
Bierproll
Bierkotzer (Schande)
Bitch Tunte
Bullenschwein
Bullenschweine
Bullshit
Die Kackstelzen schwingen
Disco Tussen & Typen
Dorfprolls
Dummes Stück Scheiße
Fick Dich ins Knie
Fick Pisse
Fickarsch
Fickbrühe
Fickerbse
Fickfress
Fickpisse
Fickschlitten
Fresskick
Fressucht
Froschmöse
Fuck
Fuck die Henne (oder geh' zur Penne)

Fuck ficken
Fuck off and die
Fuck ya
Fuck you
Fuckin' nice
Geh kacken Bruder oder Schwester
Hacken poppen knallen wemsen
Hurevotz
Kackarsch
Kacken ohne Klopapier
Kicks asses
Kiss my ass
Koma saufen
Komasaufen
Matschtittis
Mösenlecker
Mothafucka
Motherfucker
Muschiloch
Pack dich lecker unten bei
Peace of shit
Pissflitsch
Pisskopp
Pissnelke
Proll asi
Rudelbumsen
Ruhrpottkanacke
Sauf'n
Scheisse (fluchen allg.)
Scheiße in allen Variationen
Scheiße labern oder Scheiße schreiben
Scheiße weil man ohne sie bald Kieselsteine zum Frühstück essen müßte
Schratze
Schwanzlutscher
Slut Schlampe
Super-affen-titten-geil
Tekkno Arsch
Voll fürn Arsch
Voll geil
Votze/Pfeife (weil ohne sie – auf natürlichem Wege – bei hochentwickelten Säugetieren kein neues Leben möglich wäre)
Wichsgestank
Wix Vorlage
Wixn
Wixxa
Zoschen und moschen

7.1.8. Ungewöhnliche Kombinationen

Arschfotze männlich
Ausgeleiherte Lippen
Bombastisch ironisch
Du Kanther
»Du Spezialist«
Extreme Akne
Feuchte Löcher
Gerollte Zehennägel
Großmäulige Autofahrer
Haschisch ins linke Auge spritzen
Kiffen gegen rechts [Joint als Ausrufungszeichen]
Militante Vegetarier
Motzende Angepogte
Mundgeruch Odol
Weinerliche Weltverbesserer
Zischt wie Apfelsaft

7.1.9. Gesetz der Serie

Urlaub in Hotels
Handies im Auto
Gel im Haar
zwischen dicken Titten einpennen
zwischen dicken Titten aufwachen
Faschismus
Nationalismus
Kapitalismus
Fickbrühe
Hühnerbrühe

Faschismus
Rassismus
Imperialismus
Sexismus
Antisemitismus

Zentralismus
Liberalismus
Militarismus

Nichtraucher
Nichttrinker

[Zeichnung: Hund]
Schamhaarspliss + [Zeichnung]
[Zeichnung: Anarchiezeichen + Friedenszeichen = Smilie]

Matschtittis
Schamlippis

Rassismus

Sexismus
Nationalismus

Hacken/poppen/knallen/wemsen
Schütteln
Hart traktieren
Hart nehmen
Anal/oral/Von hinten/von vorne
® volles Programm!

saufen
kiffen
kotzen

Monatsende
Wochenende

Antifaschismus
Vegetarismus
Veganismus

Laut
Haut

hart

Kohl
Rotkohl

mein erster Iro
meine erste Glatze

Schuhfuss
Kuhfuss
Rufuss
Glufuss
Lufuss
Luftpost

Franz herbst als »journalist« bzw. »kritiker«
Franz herbst als »proll«
Franz herbst als »mensch«
Franz herbst als »franz herbst«

[pos.] Arschloch + der Scheißhauseffekt
[neg.] Ozonloch + Treibhauseffekt

7.2. Sprachliche Besonderheiten der studentischen Umfrage

7.2.1. Abweichende Orthographie

nix Neues
Wixer

7.2.2. Anglizismen

Action
Cafeten-Food
Daily-Soaps
E-Mail
Fairness
Fire-fly
Fuck
Fun
(ge-) crash (ed)
Generation X
Highlight
Hip (p)
light
Multiple-choice-Klausuren
new age
No future
O.K.
overstyled
Peanuts
political correctness
Power
rational choice
relaxed
relaxen
Scientology, Fielmann
Sex Drugs Rock'n'Roll
Shit
Snowboard
Soap-Opera
strange
Techno
trendy
Unfairness
Wow!
Yeah!

7.2.3. Vulgärausdrücke

affengeil
affen-titten-geil
angekotzt
Arsch

Arschloch
Arschlöcher
asi
beknackt
bepisst
bescheuert
blöde Kuh
Blödmann
Driß
Dummfratzen
durchgeknallt
du Sau
ficken [!]
Fotze
Fuck
geil
geil/ungeil
Hühnerschiss
Kacke
Korinthenkacker
Macker
megageil
Möse
Oberkacke
Pingel
Pisse
Pisser
rattenscharf
rattig
Sack
saublöd
saudumm
Saupillemannarschloch (SPA)
Sausack
Scheiß
Scheiße
»Scheiß-egal« Einstellung
Schlampe
Shit
Spasti
Spinner
stinkendes Warzenschwein
Titte
Titten
Torte
total geil
verarschen
verpissen
vögeln
Votzenrotze
Weib
Weichgesicht
Wichser
Wixer

7.2.4. Wortkreationen

Arroganzlinge
auratisch
Dummfratzen
Hängel
Hip (p)
Knofel
röbsen
Rübennase
schrottig
unkaputtbar
völligstens
Votzenrotze
Winselwange

7.2.5. Phrasen

Damit die Regel sauber und diskret abläuft
Das war ja überhaupt nichts
»der Kunde ist König«
Der Tod ist ein Meister aus Deutschland
doof wie Brot
ein (e) schöne (n) Morgen, Tag, Abend, Nacht
könnte besser sein
ohne Sinn und Verstand
So geht das nicht
Spinnst Du?
Weiter so!

7.2.6. Ungewöhnliche Kombinationen

goldene Mützen

7.3. Die Besprechung der sprachlichen Besonderheiten

Die im Punk-Diskurs festgestellten Abweichungen sind zu vielseitig, um sie en bloc abzuhandeln. Ebenso wie bei den Gesamttypes (vgl. 4.2.1.) erschien eine Einordnung in verschiedene Untergruppen sinnvoll. Unterschieden werden die folgenden Kategorien:

Tabelle 27, Gegenüberstellung sprachlicher Besonderheiten bei Punks und Studenten

	Kategorie (alphabetisch)	Punks	% spr. Besond.	Studenten	% spr. Besond.
1	Abweichende Orthographie	50	10,6	2	0,1
2	Anglizismen	162	34,3	35	2,3
3	Onomatopoesie/Interjektionen	7	1,5	1	0,07
4	Phrasen	34	7,2	11	0,7
5	Ungewöhnliche Kombinationen	29	6,1	1	0,07
6	Vulgärausdrücke	94	20,0	58	3,9
7	Wortkreationen	86	18,2	13	0,9
8	Wortspiele	10	2,1	0	0

7.3.1. **Abweichende Orthographie**. Diese Kategorie umfaßt im wesentlichen Wörter oder Ausdrücke, die einer Lautschrift ähnlich die gesprochene Sprache nachahmen. Dies äußert sich bei den Punks in der Supprimierung des ›e‹ in Wortendungen, welche z.T. durch Apostroph gekennzeichnet ist, wie z.B. bei *Was rauch'n*, *Auf Tour geh'n*, *Holland fahr'n*. In einigen Wörtern/Ausdrücken fällt das ›e‹ dagegen ohne Kennzeichnung weg (*abgefahrn*; *Nasenbärn*; *Wixn*). Vereinzelt werden nicht nur einzelne Buchstaben unterdrückt, sondern ganze Wörter zusammengezogen. Dies erfolgt mit Kennzeichnung durch Apostroph (*Für's pb* [das Fanzine Plastic Bomb] *schreiben*, *So'n Student*), oder auch ohne (*Voll fürn Arsch*; *Voll inne Bredullie*; Geld (*obwohl mans braucht*)). Gelegentlich werden Apostrophe auch an falsche Stellen gesetzt, vermutlich aus einem eher vagen Bewußtsein einer Auslassung heraus (*Spaß ham'*, *Hassenichtgesehn'*).
Darüber hinaus lassen einige Wörter bzw. Ausdrücke eine sprachliche Abbildung von Dialekten erkennen, wie z.B. des Ruhrdeutschen (*1. FC Nüürnberg*, *Moppeddd*, *Von's Land*, *Wat geht ab*) oder anderer Dialekte (*Worscht* [= Wurst]; *Tas Kaf*; *Kleene* oder *Kleener*). Eine abweichende Orthographie läßt sich auch für die Buchstabenkombination /ks/ beobachten, die durch ›x‹ ausgedrückt wird: *Arbeiterpunx united*, *Schafft nix*, *Wixxa* (vgl. diesbezüglich auch *punk rulez*). Diese Besonderheit ist bei den Studenten im übrigen die einzige orthographische Abweichung. Sie bezieht sich lediglich auf zwei einzelne Nennungen in insgesamt 88 Umfragebögen: *nix Neues*, *Wixer*. Das letzte Beispiel für diese Kategorie ist die Transformation von ›eu‹ in ›oi‹, die sich auf das subkulturell verankerte *oi!* (u.a. Musikrichtung) bezieht – so in *Doitschland*, das 4mal in der Variante mit ›oi‹ genannt wurde (vgl. *Deutschland*: insgesamt 5 Nennungen).

7.3.2. **Anglizismen**. Die Anglizismen stellen mit 162 Types die mit Abstand größte Gruppe unter den sprachlichen Abweichungen der Punks dar. Fast die Hälfte dieser englischen Wörter oder Ausdrücke könnte durchaus auf deutsch ausgedrückt werden, wie z.B. *Chainsaw*, *Bullshit*, *Positive mental attitude*, *Save the vinyl!!!*. Diese Begriffe tauchen in der deutschen Version nicht auf. Seltener sind Anglizismen, deren deutsche Entsprechung ebenfalls – von anderen Vpn – genannt wird: *Anarchy – Anarchie*, *Concerts – Konzerte*; *Music – Musik*, *Love – Liebe*. Die Tatsache, daß sich die Punks so zahlreich für die englische Form entschieden haben, deutet auf eine bewußte Abgrenzung zum deutschen einzelkulturellen Diskurs hin. Ein Drittel der Anglizismen sind Wörter/Ausdrücke, die entweder bereits Eingang ins deutsche Lexikon gefunden haben – *OK*, *Dealer*, *Graffiti*, *Hippie*, *Junkies* – oder für die es keine treffende Übersetzung gibt. Dies betrifft hauptsächlich Genre-Bezeichnungen aus der Musikbranche. Typische Beispiele dafür sind: *Crossover*, *Hardrock*, *Hardcore*, *Independent*, *Metal*, *Rave*, *Mainstream*. Im weiteren Sinne mit Musik haben auch Begriffe wie *Stagediving*,

Intro, Nice Price, Open Air, Parental advisory, Majorlabel zu tun. Weiterhin fallen deutsch-englische Zusammensetzungen auf. Sie kommen im wesentlichen in zwei Versionen vor:

- Kommentierte englische Wörter, wie z.B. *Political correct (haha)*, Poser *(Scheiß Wort, stimmt aber)* oder *Straight edge (solange sichs im Rahmen hält).*
- Mischausdrücke (*Arbeiterpunx united, Dumme cops, Groupietum, Keine laws, Roman »The Rep« Herzog*)

Als letzte Untergruppe der Anglizismen sind ›eingedeutschte‹ Wörter zu nennen, die ursprünglich aus dem Englischen kommend mit deutschen Prä- oder Suffixen versehen sind: *abgefuckt, Grunger, loosen, outen, sprayen.*
Die in den studentischen Umfragebögen auftauchenden Anglizismen bedürfen keiner weiteren Erläuterung, da es sich größtenteils um im deutschen einzelkulturellen Diskurs etablierte Wörter und Ausdrücke handelt. Als Beispiele seien hier nur *Action, E-Mail, Fun, Peanuts, Power, Snowboard* aufgeführt.

7.3.3. **Onomatopoesie/Interjektionen.** Onomatopoetische Wendungen stellen die kleinste Gruppe sprachlicher Besonderheiten bei den Punks dar. Sie sollen daher vollzählig und nur im Bedarfsfall mit kurzer Erläuterung aufgeführt werden:

Äh Drogen – das Äh ist hier (vermutlich) eine Ekel vermittelnde Interjektion
Bam bams – lautmalerische Bezeichnung für Trommeln
Blubber – Bezeichnung für eine Wasserpfeife und das Geräusch beim Rauchen
Bullen tatütata
Ende huah! – Erleichterung nach Ausfüllen des Umfragebogens (letzte Nennung auf dem Bogen)
Jodeldideldei
OH-OH

7.3.4. **Phrasen.** Auch bei den Phrasen können bezüglich der Punks zwei Untergruppen unterschieden werden. Es sind dies a) Kommentare und situationsbezogene Aussagen und b) an eine andere Person adressierte Aufforderungen wie *Erschieß Dich!, Fick dich ins Knie, Komm mal klar* oder *Pack dich lecker unten bei.* Auffällig ist in dieser Gruppe die ›politisch korrekte‹ Nennung *Geh kacken Bruder oder Schwester.*
Die Kommentare und situatuationsbezogenen Aussagen überwiegen bei weitem und finden sich zu gleichen Teilen als positive und negative Ausdrücke. Bezüglich der negativen Ausdrücke können dabei keine Aussagen darüber gemacht werden, ob die Phrase an sich negativ bewertet wird, sozusagen als Zitat, oder ob sie wirklich in einem negativen Kontext von den Vpn verwendet wird. Beispiele, in denen dieser unterschiedliche Charakter der Nennungen deutlich wird, sind z.B. *Auch schön, Das ist mir aber unangenehm* oder *Voll fürn Arsch.* Bei den positiven Nennungen ist dagegen anzunehmen, daß diese Ausdrücke die subkulturspezifische Ausdrucksweise widerspiegeln, da in ihrem Fall eine Distanzierung nicht erforderlich ist. Beispiele dafür sind die als positiv genannten Ausdrücke *Das ist unser Ding, Super-affen-titten-geil, Haut hin* oder *Total abgefahren.*
Bei den Studenten haben Phrasen einen deutlich geringeren Stellenwert. Hier fällt lediglich auf, daß drei von 11 Nennungen Zitate sind (*Damit die Regel sauber und diskret abläuft, der Kunde ist König, Der Tod ist ein Meister aus Deutschland*).

7.3.5. **Ungewöhnliche Kombinationen.** Als ungewöhnliche Kombination werden Ausdrücke eingestuft, die als Zusammensetzungen zwar sprachlich korrekt, aber überraschend und vermutlich individuell geprägt sind. Sie haben demzufolge jeweils nur eine Nennung. *Motzende Angepogte* oder *Großmäulige Autofahrer* sind verständliche, aber unübliche Ausdrücke. Auch formelhafte Angaben wie *Punk = Saufen + Pogo, Punk = Alkohol* oder Beschimpfungen wie *Du Spezialist, Du Kanther* fallen aus dem Schema der (im einzelkulturellen Diskurs) zu erwartenden Antworten auf die Frage: Nennt uns.....XXX heraus. Auffällig sind insbesondere brainstormartige Aneinanderreihungen: *Knast, Bullen, Staat, Kirche*; *CDU CSU REP SPD Grüne PDS ÖDP* oder *Kanther + Stoiber + Kohl + Schäuble*, die als eine Nennung firmieren, obwohl sie auch in ihre Bestandteile zerlegt hätten genannt werden können. Bei diesen Nennungen scheinen aber die einzelnen Wörter eben nicht voneinander zu trennen zu sein, da sie einen inhaltlichen Komplex bilden. Vergleichbare Kombinationen sind desweiteren *Bulle Zensur* und *Schulden/Minus/Ebbe*.

7.3.6. **Vulgärausdrücke**. Zu dieser Kategorie gehören derbe umgangssprachliche Wörter und Ausdrücke, die hauptsächlich aus der Fäkalsprache stammen (*Dummes Stück Scheiße*; *Kackarsch*; *Scheiße in allen Variationen*) oder sich auf Sex beziehen (*Mösenlecker*, *Schwanzlutscher*, *Wix Vorlage*, *Hacken/poppen/knallen/wemsen*). Bezüglich dieser Wörter und Ausdrücke findet sich zwischen Punks (94 Types) und Studenten (58 Types) die zahlenmäßig größte Übereinstimmung, wenn auch der Ton bei den Studenten moderater ist. So finden sich hier ebenfalls Fäkalausdrücke – *Scheiße*, *Arschloch*, *Oberkacke* – und Wörter/Ausdrücke aus dem Bereich Sex (*ficken*, *Fotze*, *Titten*), doch es sind zumeist zusammengesetzte gängige Schimpfwörter, die z.B. im Duden unter der Kategorie ›derb‹ verzeichnet sind. Bei den Punks überwiegen zusammengesetzte Vulgärausdrücke, wie z.B. *Fickfress*, *Froschmöse*, *Hurevotz*, die in dieser Form neu und individuell sind. Es zeigt sich bei den Punks also auch bezüglich der Vulgärausdrücke ein freierer, kreativerer Umgang mit der Sprache als bei den Studenten.

7.3.7. **Wortkreationen**. Die Wortkreationen näher zu erläutern oder sie weiter zu klassifizieren, ist nahezu unmöglich, da nur wenige unter ihnen vergleichbare Bildungsprinzipien aufweisen. Gemeinsam ist ihnen aber, daß sie jeweils nur einmal genannt werden und in keinem deutschen Lexikon zu finden sind. Neben sofort verständlichen, meist lustig gemeinten zusammengesetzten Wörtern wie z.B. *Stützstrumpfpogo (ha, ha)*, *Schamhaarspliss*, *Idiotenmagnet*, finden sich in dieser Gruppe auch erklärungsbedürftige (mutmaßliche) Substantive wie *Schlomung*, *Pohatak*, *Heftibrak*, *Bifidus*, *Fappel* oder *Saugedesta*. Auffällig ist, daß es sich fast durchgängig um Substantive zu handeln scheint. Als Verben können aufgrund der Endung maximal *Teddyhadaben* und *Fahrenzeln* eingestuft werden. Ausdrücke finden sich in dieser Gruppe, in die insgesamt 86 Types eingeordnet werden können, nur 10mal und bestehen darüber hinaus in 5 Fällen aus Substantiv + in Klammern nachgestellter Ergänzung.
Im Vergleich zu den Punks finden sich in der studentischen Umfrage lediglich 13 Wortkreationen. Zwei dieser Wörter scheinen vollständige Neuschöpfungen zu sein (*Hängel*, *röbsen*), eine Kreation ist schon aus der Werbung bekannt – *unkaputtbar* –, zwei weitere, im deutschen Lexikon verzeichnete Wörter werden suffigiert: *Arroganzlinge*, *auratisch*.

7.3.8. **Wortspiele**. Während bei den Studenten kein einziges Wortspiel erscheint, lassen sich aus den Angaben der Punk-Umfrage 9 Ausdrücke und 1 Wort als Wortspiele klassifizieren. Diese folgen zwei Bildungsmustern, und zwar zum einen der

- Abwandlung einer bekannten Redewendung oder eines feststehendes Ausdrucks, wie in *Friede Freude Punkkonzert*, *Swoonsfallera* [Swoons nennt sich eine Punkband]; *Hokus Lokus Lesibus (fanzineslogan)*, *Punk sei Dank* und *Arschloch + der Scheißhauseffekt* [gefolgt von der Nennung:] *Ozonloch + Treibhauseffekt* und zum anderen

- des Reims in unterschiedlichster Form. Eine Kombination von Endreim und Assonanz ist der Ausdruck *Anal oral von hinten von vorne*, ein Schlagreim der Ausdruck *Asozial scheißegal*. Einfache Endreime sind *Dödelrödel*, *Fuck die Henne (oder geh' zur Penne)* und *Zoschen und moschen*.

Die Wortspiele spiegeln die Punk-Subkultur wider, wie sie anhand der subkulturellen Symbole ermittelt wurde. Thematisiert werden Sex, Bier bzw. trinken, Punk sowie der eigene subkulturelle Diskurs im Fanzine. Lediglich *Arschloch + der Scheißhauseffekt* [gefolgt von der Nennung:] *Ozonloch + Treibhauseffekt* fällt aus diesem Rahmen, wiewohl die Punk-Szene, wie an anderer Stelle gezeigt, keineswegs unpolitisch ist.

Über diese Kategorien hinaus gibt es ein weiteres Merkmal der Umfragebögen, das sich allerdings ausschließlich bei den Punks findet, und zwar 19mal. Es handelt sich hierbei nicht um eine sprachliche Besonderheit, die sich an einem Wort oder einem Audruck festmachen läßt, sondern die sich erst in der Aufeinanderfolge von mehreren Nennungen äußert. Bei diesem ›Gesetz der Serie‹ scheint der Eindruck eines aufgeschriebenen Wortes bzw. eines Ausdrucks nachfolgende Nennungen hinsichtlich einer sprachlichen Angleichung zu beeinflussen, die sich in der Nennung eines semantischen Feldes oder in der Wiederholung von Wörtern und Wortbestandteilen äußert. Beispiele für diese Eigendynamik sind unmittelbar aufeinanderfolgende Äußerungen wie:

Franz herbst als »journalist« bzw. »kritiker«
Franz herbst als »proll«
Franz herbst als »mensch«
Franz herbst als »franz herbst«

Faschismus
Rassismus
Imperialismus
Sexismus
Antisemitismus
Zentralismus
Liberalismus
Militarismus

Hacken/poppen/knallen/wemsen
Schütteln
Hart traktieren
Hart nehmen
Anal/oral/Von hinten/von vorne
® volles Programm!

Schuhfuss
Kuhfuss
Rufuss
Glufuss
Lufuss
Luftpost.

In einem Fall ist dieses ›Gesetz der Serie‹ sogar auf den nicht-sprachlichen Bereich ausgedehnt:

[Zeichnung: Hund]
Schamhaarspliss + [entsprechende Zeichnung]
[Zeichnung: Anarchiezeichen + Friedenszeichen = Smilie]

8. Anhang

8.1. Abbildung des Formulars

WER SIND DAS - WIR ?

UMFRAGE

Wir woll'n was über unsere Szene wissen - was ist wichtig für uns? Beantwortet bitte die Frage und schickt den Zettel zurück. Die Umfrage ist übrigens anonym. Es wäre super, wenn Ihr mitmacht. Für das Ergebnis seid Ihr selbst verantwortlich. Wir werden in einer der nächsten Nummern berichten. Seid nicht faul, macht mit.

ANGABEN ZUR PERSON

*Geschlecht:*_______________

Alter:______*Jahre*

Schulabschluß:_______________

Beruf:_______________

An: Plastic Bomb
Stichwort Umfrage
Michael Will
Forststraße 71
47055 Duisburg

Schreibt unten positive und negative Wörter oder Ausdrücke auf, die für Euch und Eure Freunde wichtig sind. Gebt bitte spontan möglichst viele Wörter oder Ausdrücke an, auch wenn Ihr Euch nicht ganz sicher seid.

Positive Wörter oder Ausdrücke

1	7	13
2	8	14
3	9	15
4	10	16
5	11	17
6	12	18

Negative Wörter oder Ausdrücke

1	7	13
2	8	14
3	9	15
4	10	16
5	11	17
6	12	18

8.2. Verzeichnis der Tabellen

9. Literatur

Altmann, Gabriel, 1992, Two models for word association data. In: Glottometrika, 13 (Hrsg.) Burghard Rieger. Bochum, 105-120.

Altmann, Gabriel, 1992a, Das Problem der Datenhomogenität In: Glottometrika, 13 (Hrsg.) Burghard Rieger. Bochum, 287-298.

Ashmore, R.D.; Del Boca, F.K., 1981, Conceptual Approaches to Stereotypes and Stereotyping. In: D.L. Hamilton (Hrsg.), Cognitive Processes in Stereotyping and Intergroup Behavior. Hillsdale, NJ., 1-35.

Berg, Henk de; Prangel, Matthias, 1995 (Hrsg.), Differenzen. Systemtheorie zwischen Dekonstruktion und Konstruktivismus. Tübingen.

Berger, Peter; Luckmann, Thomas, 1989, Die gesellschaftliche Konstruktion der Wirklichkeit. Eine Theorie des Wissenssoziologie. Frankfurt/M.

Bohnsack, F., 1991, Rekonstruktive Sozialforschung. Einführung in die Methodologie und Praxis empirischer Sozialforschung. Opladen.

Bos, W.; Tarnai, Ch., 1989, Entwicklung und Verfahren der Inhaltsanalyse in der empirischen Sozialforschung. In: W. Bos; Ch. Tarnai (Hrsg.), Angewandte Inhaltsanalyse in Empirischer Pädagogik und Psychologie. Münster, 1-13.

Drechsel, Paul, 1984, Vorschläge einer ›Kulturtheorie‹, und was man unter einer ›Kulturinterpretation‹ verstehen könnte. In: Ernst, Wilhelm Müller; René König; Klaus-Peter Koepping; Paul Drechsel (Hrsg.), Ethnologie als Sozialwissenschaft, Sonderheft 26 der Kölner Zeitschrift für Soziologie und Sozialpsychologie, 44-84.

Drews, Axel; Gerhard, Ute; Link, Jürgen, 1985, Moderne Kollektivsymbolik. Eine diskurstheoretisch orientierte Einführung mit Auswahlbibliographie. In: Internationales Archiv für Sozialgeschichte der Literatur. 1. Sonderheft Forschungsreferate, 256-375.

Felix, S.W.; Kanngießer, S.; Rickheit, G., 1989, Kognitive Linguistik. Opladen.

Finke, Peter, 1982, Konstruktiver Funktionalismus. Die wissenschaftstheoretische Basis einer empirischen Theorie der Literatur. Braunschweig/Wiesbaden.

Fleischer, Michael, 1989, Die Evolution der Literatur und Kultur. Grundsatzfragen zum Entwicklungsproblem (ein systemtheoretisches Modell). Bochum.

Fleischer, Michael, 1991, Die Semiotik des Spruches. Kulturelle Dimensionen moderner Sprüche (an deutschem und polnischem Material). Bochum.

Fleischer, Michael, 1994, Die Wirklichkeit der Zeichen. Empirische Kultur- und Literaturwissenschaft (systemtheoretische Grundlagen und Hypothesen). Bochum.

Fleischer, Michael, 1994a, Die Hierarchie der Kollektivsymbole in Deutschland und in Polen (Eine empirische Untersuchung). In: SPIEL (= Siegener Periodicum zur Internationalen Empirischen Literaturwissenschaft), Jg. 13 (1994), Heft 1, 141-164.

Fleischer, Michael, 1995, Grundlagen einer Empirischen Text- und Systemforschung. In: Zet – Zeitschrift für Empirische Textforschung, Nr. 1, 1995, 5-25.

Fleischer, Michael, 1996, Das System der deutschen Kollektivsymbolik. Eine empirische Untersuchung. Bochum.

Fleischer, Michael, 1996a, Weltbildgesteuerte Wirklichkeitskonstruktion. Beiträge zum Phänomen Weltbild. München.

Friedrichs, J., 1973, Methoden empirischer Sozialforschung. Hamburg.

Früh, W., 1991, Inhaltsanalyse. Theorie und Praxis. München.

Fuchs, Peter, 1992, Die Erreichbarkeit der Gesellschaft. Zur Konstruktion und Imagination gesellschaftlicher Einheit. Frankfurt/M.

Fühlau, Ingunde, 1981, Inhaltsanalyse versus Linguistik. In: Analyse und Kritik, 3, 23-46.

Garz, Detlef; Kraimer, Klaus, 1991 (Hrsg.), Qualitativ-empirische Sozialforschung. Konzepte, Methoden, Analysen. Wiesbaden.

Giegler, Helmut, 1992, Zur computerunterstützten Analyse sozialwissenschaftlicher Textdaten: Quantitative und qualitative Strategien. In: Jürgen H.P. Hoffmeyer-Zlotnik (Hrsg.), Analyse verbaler Daten. Über den Umgang mit qualitativen Daten. Opladen, 335-388.

Groeben, Norbert, 1976, Empirische Literaturwissenschaft als Metatheorie. In: Zeitschrift für Literaturwissenschaft und Linguistik, 6. Jg., H. 21, 125-145.

Groeben, Norbert, 1977, Rezeptionsforschung als empirische Literaturwissenschaft. Kronberg/Ts (1980 – Tübingen).

Groeben, Norbert, 1987, Möglichkeiten und Grenzen der Kognitionskritik durch Inhaltsanalyse von Texten. In: P. Vorderer; N. Groeben (Hrsg.), Textanalyse als Kognitionskritik. Tübingen, 1-21.

Groeben, Norbert; Rustemeyer, Ruth, 1995, Inhaltsanalyse. In: König, Eckard; Zedler, Peter, (Hrsg.), Bilanz qualitativer Forschung. Bd. 2, Methoden. Weinheim, 523-554.

Hall, A.D.; Fagen, R.E., 1956, Definition of system. In: General Systems, 1, 18-28.

Hammann, Peter; Erichson, Bernd, 1990, Marktforschung, Stuttgart.

Heinze, Thomas, 1992, Qualitative Sozialforschung. Erfahrungen, Probleme und Perspektiven. Wiesbaden.

Hoffmeyer-Zlotnik, Jürgen H.P., 1992 (Hrsg.), Analyse verbaler Daten. Über den Umgang mit qualitativen Daten. Opladen.

Huber, Günter, L., 1989, Qualität versus Quantität in der Inhaltsanalyse. In: W. Bos; Ch. Tarnai (Hrsg.), Angewandte Inhaltsanalyse in Empirischer Pädagogik und Psychologie. Münster, 32-47.

Huber, Günter, L., 1992, Qualitative Analyse. Computereinsatz in der Sozialforschung. München/Wien.

Huber, G. L.; Mandl, H., 1982 (Hrsg.), Verbale Daten. Weinheim.

Jachnow, H., 1981, Sprachliche Funktionen und ihr Hierarchiegefüge. In: J. Esser; A. Hübler (Hrsg.), Forms and Functions. Tübingen, 11-24.

Jäger, Siegfried, 1991, Text- und Diskursanalyse. Duisburg.

Kammler, Clemens, 1992, Historische Diskursanalyse. In: Helmut Brackert, Jörn Stückrath (Hrsg.), Literaturwissenschaft. Ein Grundkurs. Reinbek, 630-639.

Koch, Walter, A., 1990 (Hrsg.), Natürlichkeit der Sprache und der Kultur. Bochum.

Kriz, Jürgen, 1972, Statistische Signifikanz und sozialwissenschaftliche Relevanz. In: Zeitschrift für Soziologie, 1, 47-51.

Kriz, Jürgen, 1981, Methodenkritik empirischer Sozialforschung. Stuttgart.

Kuckartz, U., 1992, Textanalysesysteme für die Sozialwissenschaften. Stuttgart/Jena/New York.

Kuttner, H.G., 1981, Zur Relevanz text- und inhaltsanalytischer Verfahrensweisen für die empirische Forschung. Überlegungen zum theoretischen Bezugsrahmen der Inhaltsanalyse. Frankfurt/Bern.

Lamnek, S., 1988, Qualitative Sozialforschung. Bd. 1. Methodologie. München.

Lamnek, S., 1989, Qualitative Sozialforschung. Bd. 2. Methoden und Techniken. München.

Link, Jürgen, 1982, kollektivsymbolik und mediendiskurse. In: kultuRRevolution, 1, 6-21.

Link, Jürgen, 1983, Elementare Literatur und generative Diskursanalyse. München.

Link, Jürgen, 1986, Interdiskurs, System der Kollektivsymbole, Literatur. (Thesen zu einer generativen Diskurs- und Literaturtheorie). In: Achim Eschbach (Hrsg.), Perspektiven des Verstehens. Bochum, 128-146.

Link, Jürgen, 1986a, Noch einmal: Diskurs. Interdiskurs. Macht. In: kultuRRevolution, 11, 4-7.

Link, Jürgen, 1992, Normalismus: Konturen eines Konzepts. In: kultuRRevolution, 27, 50-70.

Link, Jürgen, 1996, Grenzen des flexiblen Normalismus? In: Ernst Schulte-Holtey (Hrsg.), Grenzmarkierungen. Normalisierung und diskursive Ausgrenzung. Duisburg, 24-39.

Link, Jürgen; Link-Heer, Ursula, 1990, Diskurs/Interdiskurs und Literaturanalyse. In: Zeitschrift für Literaturwissenschaft und Linguistik, 77, 88-99.

Link, Jürgen; Parr, Rolf, 1990, Semiotische Diskursanalyse. In: Klaus-Michael Bogdal (Hrsg.), Neue Literaturtheorien. Eine Einführung. Opladen, 107-130.

Luhmann, Niklas, 1981, Veränderungen im System gesellschaftlicher Kommunikation und die Massenmedien. In: N. Luhmann, Soziologische Aufklärung, 3. Soziales System, Gesellschaft, Organisation. Opladen, 309-320.

Luhmann, Niklas, 1984, Soziale Systeme. Grundriß einer allgemeinen Theorie. Frankfurt/M.

Matthäus, W., 1980, Theoretische und experimentelle Untersuchungen zum verbalen Assoziieren. Methodenkritisch gerichtete Strukturanalysen von Einfallsreihen und ihre Veränderung bei Aufgabenwechsel. Bochum.

Maturana, Humberto R.; Varela, Francisco J., 1987, Der Baum der Erkenntnis. Die biologischen Wurzeln des menschlichen Erkennens. Bern/München/Wien

Mayring, P., 1990, Qualitative Inhaltsanalyse. Grundlagen und Techniken. Weinheim.

Mayring, P., 1990a, Einführung in die qualitative Sozialforschung. München.

Merten, Klaus, 1983 (1995), Inhaltsanalyse. Einführung in Theorie, Methode und Praxis. Opladen.

Merten, Klaus; Schmidt, Siegfried, J.; Weischenberg, Siegfried, 1993 (Hrsg.), Die Wirklichkeit der Medien. Eine Einführung in die Kommunikationswissenschaft. Wiesbaden.

Neidhardt, Friedhelm, 1986, Kultur und Gesellschaft. In: Friedhelm Neidhardt; Rainer M. Lepsius; Johannes Weiß (Hrsg.) Kultur und Gesellschaft. Sonderheft 27 der Kölner Zeitschrift für Soziologie und Sozialpsychologie. Opladen, 10-18.

Posner, Roland, 1992, Was ist Kultur? Zur semiotischen Explikation anthropologischer Grundbegriffe. In: M. Landsch; H. Karnowski; I. Bystrina (Hrsg.), Kultur-Evolution: Fallstudien und Synthese. Frankfurt/M, 1-66.

Röttgers, Kurt, 1988, Diskursive Sinnstabilisation durch Macht. In: J. Fohrmann; H. Müller (Hrsg.), Diskurstheorien und Literaturwissenschaft. Frankfurt/M, 114-133.

Rusch, Gebhard, 1987, Erkenntnis, Wissenschaft, Geschichte. Von einem konstruktivistischen Standpunkt. Frankfurt/M.

Rusch, Gebhard, 1987a, Autopoiesis, Literatur, Wissenschaft. Was die Kognitionstheorie für die Literaturwissenschaft besagt. In: S.J. Schmidt (Hrsg.), Der Diskurs des Radikalen Konstruktivismus. Frankfurt/M, 374-400.

Rustemeyer, Ruth, 1992, Praktisch-methodische Schritte der Inhaltsanalyse. Münster.

Saldern, M. v., 1989, Kommunikationstheoretische Grundlagen der Inhaltsanalyse. In: W. Bos; Ch. Tarnai (Hrsg.), Angewandte Inhaltsanalyse in Empirischer Pädagogik und Psychologie. Münster, 14-31.

Schmidt, Siegfried, J., 1980 (1991), Grundriß der Empirischen Literaturwissenschaft. Frankfurt/M (erste Auflage: Teilband 1. Braunschweig).

Schmidt, Siegfried, J., 1987, Der Radikale Konstruktivismus: Ein neues Paradigma im interdisziplinären Diskurs. In: Schmidt, S.J., 1987 (Hrsg.), Der Diskurs des Radikalen Konstruktivismus. Frankfurt/M, 11-88.

Schmidt, Siegfried, J., 1992 (Hrsg.), Kognition und Gesellschaft. Der Diskurs des Radikalen Konstruktivismus 2. Frankfurt/M.

Schmidt, Siegfried, J., 1992a, Radikaler Konstruktivismus. Forschungsperspektiven für die 90er Jahre. In: Siegfried, J. Schmidt, (Hrsg.), Kognition und Gesellschaft. Der Diskurs des Radikalen Konstruktivismus 2. Frankfurt/M, 7-23.

Schmidt, Siegfried, J., 1992b, Medien, Kultur: Medienkultur. Ein konstruktivistisches Gesprächsangebot. In: S.J. Schmidt (Hrsg.), Kognition und Gesellschaft. Der Diskurs des Radikalen Konstruktivismus, 2. Frankfurt/M, 425-450.

Stadler, Michael; Kruse Peter, 1992, Konstruktivismus und Selbstorganisation: Methodologische Überlegungen zur Heuristik psychologischer Experimente. In: Siegfried, J. Schmidt,

(Hrsg.), Kognition und Gesellschaft. Der Diskurs des Radikalen Konstruktivismus 2. Frankfurt/M, 146-166.

Tarnai, Ch., 1989, Eine empirisch-semantische Analyse des Begriffs Emanzipation anhand der Enzyklopädien Brockhaus und Meyer von 1830 bis 1988. In: W. Bos; Ch. Tarnai (Hrsg.), Angewandte Inhaltsanalyse in Empirischer Pädagogik und Psychologie. Münster, 137-154.

Tarnai, Ch.; Bos, W., 1989, Emanzipation und Emanzipatoren. Definition des Begriffs Emanzipation durch Studierende der Pädagogik. In: W. Bos; Ch. Tarnai (Hrsg.), Angewandte Inhaltsanalyse in Empirischer Pädagogik und Psychologie. Münster, 155-172.

Tenbruck, Friedrich, H., 1990, Repräsentative Kultur. In: Hans Haferkamp (Hrsg.), Sozialstruktur und Kultur. Frankfurt/M, 20-53.

Titzmann, Michael, 1981, Zum Verfahren der strukturellen Textanalyse – am Beispiel eines diskursiven Textes. In: Analyse und Kritik, 3, 64-92.

Titzmann, Michael, 1981a, Zur Beziehung von »Inhaltsanalyse« und »Strukturaler Textanalyse«. In: Günter Bentele (Hrsg.), Semiotik und Massenmedien, München, 218-234.

Tüschau 16, 1996, Die Diskurssymbolik in alternativen Subkulturen in Deutschland. Eine Erhebung. In: Z e t – Zeitschrift für Empirische Textforschung, Nr. 2, 97-102.

Vorderer, P.; Groeben, N., 1987 (Hrsg.), Textanalyse als Kognitionskritik? Tübingen.

Willke, Helmut, 1982, Systemtheorie. Eine Einführung in die Grundprobleme. Stuttgart.

Winko, Simone, 1991, Wertungen und Werte in Texten. Axiologische Grundlagen und literaturwissenschaftliche Rekonstruktionsverfahren. Wiesbaden.

Züll, Cornelia; Mohler, P. Peter; Geis, Alfons, 1991, Computerunterstützte Inhaltsanalyse mit TEXTPACK PC. Stuttgart.

Züll, Cornelia; Mohler, P. Peter, 1992 (Hrsg.), Textanalyse. Opladen.